Nihan Kaya Türkçede on bir kitabı olan Nihan Kaya, kurmaca eserleri kadar edebiyat, psikoloji ve estetik teori üzerine yazdıklarıyla da biliniyor. Boğaziçi Üniversitesi İngiliz Edebiyatı mezunu. İngiltere'de, University of Essex, Centre for Psychoanalytic Studies'te Psikanaliz üzerine yüksek lisans yaptı. King›s College London›da yazdığı doktora tezini *Yazma Cesareti* adıyla kitaplaştırdı. 2005'ten bu yana, edebiyat ve psikoloji alanlarında Avrupa ve Amerika'nın değişik yerlerinde konferans tebliğleri sundu, konuşmalar yaptı. *Çatı Katı* kitabı 2004'te Türkiye Yazarlar Birliği ödülü aldı. İngiltere'de Routledge Yayınlarından çıkan *Dreaming the Myth Onwards: Revisioning Jungian Therapy and Thought* (2008) ve *The Blazing Sublime: Thresholds and Pathways between Jung and Lacan* (2019) kitaplarının ortak yazarlarından. MEF Üniversitesi Psikoloji bölümünde ders veriyor.

Romanları: *Kırgınlık* (2017), *Kar ve İnci* (2016), *Disparöni ya da Yaşama Korkusu* (2008), *Buğu* (2006), *Gizli Özne* (2003)
Öykü kitapları: *Ama Sizden Değilim* (2012), *Çatı Katı* (2004)
İnceleme kitapları: *Yazma Cesareti: Acının Yaratıcılığa Dönüşümü* (2013), *Fildişi Kuyu: Psikanalitik Edebiyat Eleştirisi ve Kadın* (2011)
Diğer: İyi *Aile Yoktur* (2018), İyi *Toplum Yoktur: Günlük Hayatta Toplumun Bireyi* İstismar *Biçimleri* (2019)

İyi Toplum Yoktur

Nihan Kaya

İthaki Yayınları - 1467

Editör: *Burak Albayrak*
Kapak Tasarım: *Hamdi Akçay*
Sayfa Düzeni ve Baskıya Hazırlık: *B. Elif Balkın*
5. Baskı, Ağustos 2022, İstanbul

ISBN: 978-605-375-924-9

Sertifika No: 63989

İthaki™ İthaki Yayıncılık Basın Sanayi ve Ticaret A.Ş.'nin tescilli markasıdır.
Caferağa Mah. Neşe Sok. 1907 Apt. No: 31 Moda, Kadıköy-İstanbul
Tel: (0216) 348 36 97 Faks: (0216) 449 98 34
editor@ithaki.com.tr – www.ithaki.com.tr – www.ilknokta.com

Kapak, İç Baskı: Deniz Ofset Matbaacılık
Maltepe Mah. Hastane Yolu Sok. No: 1/6, Zeytinburnu-İstanbul
Tel: (0212) 613 30 06 denizmatbaamucellit@gmail.com
Sertifika No: 48625

NİHAN KAYA

İYİ TOPLUM YOKTUR

GÜNLÜK HAYATTA TOPLUMUN BİREYİ İSTİSMAR BİÇİMLERİ

ithaki

İÇİNDEKİLER

İsmail'i kurtarmaya

Çünkü onu kurtarmaya inanmadığımız sürece içte ve dışta kurtuluşa eremeyeceğiz.

Cezalandırıcı kültürlerde annelerin, çocuklarını sevmek ile egemen sınıf tarafından kabullenilmek arasında bölünmesi seyrek değildir. Bu simgesel bir çocuk da olabilir, yaratıcı ya da biyolojik bir çocuk da. **Kadınlar, onaylanmayan çocuklarını korumaya çalıştıkları için psişik ve tinsel olarak ölmüşlerdir.** Bu çocuk yine onların sanatları olabilir, sevgilileri olabilir, politikalar, yavruları ya da ruhsal hayatları olabilir. Kadınlar uç durumlarda köyün yasaklarına karşı çıktıkları ve onaylanmayan çocuğu korudukları için asılmış, yakılmış ve öldürülmüşlerdir.

—Clarissa Pinkola Estés, *Kurtlarla Koşan Kadınlar*

Yaratıcı Anne her zaman Ölüm Anne'dir de.

—Clarissa Pinkola Estés, *Kurtlarla Koşan Kadınlar*

Bu tür şeyler ya Tanrı ya da Tanrının biçimleridir.

—Gilbert Murray

SUNUŞ

Bu kitap, Mayıs 2018'de *İyi Aile Yoktur*'un ikinci bölümü olarak yazıldı ve benim için hâlâ öyle. Bu bölüm olmadan *İyi Aile Yoktur*'un eksik kalacağını, *İyi Aile Yoktur*'da öne sürdüğüm fikirlerin ancak işin toplumsal veçhesinden örneklerle tamamlanabileceğini düşünüyorum. Ne de olsa ailenin görevi, çocuğu topluma uygun hâle getirmek. Günlük hayatta her gün karşılaştığımız için artık çok kanıksadığımız biçimlerin, toplumun bireyi nasıl istismar ettiğini biraz olsun görebilirsek, ailenin bu istismarda farkında olmadan nasıl bir vasıta rolü oynadığını da daha iyi anlayabiliriz.

İyi Aile Yoktur'un tepki çekeceğini yazarken de biliyordum. Fakat yayımını takip eden bu birkaç ay içerisinde, okudukları karşısında öfkeye kapılmak yerine durup düşünen, aile tabusu etrafında farkında olmadan ördüğümüz kalıpları sorgulayan, kendisiyle yüzleşmeye cesaret eden binlerce okura ulaştı. *İyi Toplum Yoktur* da, *İyi Aile Yoktur* gibi, günlük kültürümüz içinde birçok şeyin aslında bize anlatılandan çok farklı amaçlara dayandığını biraz olsun gösterebilmeyi ümit ediyor. Bu kitap ayrıca, son on beş yıl içinde toplum hayatına dair yazdığım yazıların bütünlüklü bir derlemesi.

Bize dayatılan şeylerin bize dayatıldığının dahi farkında değiliz. Kendi isteklerimiz, kendi düşüncelerimiz, kendi tercihlerimiz sandığımız birçok şey gerçekte bize ait değil. Bunun bir neticesi olarak yaşadığımız ruhsal sıkıntıları da bu yüzden çözümleyemiyoruz.

İyi Aile Yoktur'a gösterilen yoğun ilgi için okura çok teşekkür ediyor, İyi Aile Yoktur'un devam kitabı olan *İyi Toplum Yoktur*'un ailemizle ve toplumla yüzleşebilmemiz adına yeni bir adım olmasını diliyorum. Ailemizle ve toplumla yüzleşemediğimiz sürece kendimizle de yüzleşemeyeceğiz.

İyi Toplum Yoktur'un, onu okuyan herkese iyi gelmesini temenni ederim.

Okuyacağınız her satır için minnetle,

Nihan Kaya
24 Ocak 2019

I. BÖLÜM: İYİ TÖREN YOKTUR

Cinsellik, Toplumların Temel Yapı Taşıdır

Seksolog psikanalist Ghislaine Paris'in *Cinselliğin Önemi* kitabında vurguladığı gibi, "Cinsellik, toplumların temel yapı taşıdır."[1] "Tüm uygarlıklarda, doğal olarak var olan cinsiyetler arasındaki farklılığın altı çizilmiş, vurgulanmış ve toplumu yapılandırmak için bu farklılığa dayanılarak toplumu oluşturan her bir bireyin cinsel kimliği güçlendirilmiştir."[2]

Ailede, okulda, toplumda, gizli biçimlerde yapılan, kız çocuğa kız çocuk olduğunu, erkek çocuğa erkek çocuk olduğunu öğretmektir. Toplum bunu yaparken, zihnindeki cinsiyetçi şablonları kullanır. Kız ve erkek çocuk aynı şeyi yaptıkları hâlde kız çocuğa çok daha fazla kızılması, bu öğretme biçimine bir örnek. "Bir de kız olacaksın/ız!", yetişkinlerin, kız çocuklarına kızarken söylediğini hâlâ işittiğim bir söz. Ortaokul öğrencisi olduğum yıllarda, okul servisinde iki kadın öğretmen konuşurken birinin diğerine "Kızlara çok daha fazla kızıyorum. Çünkü kızlar daha olgun." dediğini, diğerinin de "Tabii ki!" diye ona destek çıktığını işitmiştim.

Öğrencinin nasıl bir davranışından söz ediyor olabileceklerini bilmiyorum; nitekim bu önemli de değil. Romanım *Gizli Özne*'de Bihter'in gerçek olaylara dayandığını söylediğim okul hayatını anlatırken, öğretmeninin Bihter'e "Bu sınıfta senin gibi davranan bir tane daha kız var mı?!" diye kızdığını, Bihter kızılacak bir şey yapmadığı hâlde ceza olarak davranış

---

1 *Cinselliğin Önemi: Arzuya Kavuşmak*, 2013, Ghislaine Paris, Fransızcadan çeviren: Zeynep Hürmüz, Ayrıntı Yayınları, 2016, s. 39

2 A.g.e., s. 47

notlarının kırık verildiğini, aynı sınıftaki erkek çocukların davranışlarına ise bu davranışlar ne kadar taşkın olursa olsun göz yumulduğunu yazmıştım.

Bir ailede erkek çocuğun kız çocuğa karışmasına, baskı uygulamasına, daha agresif, daha tembel, daha düzensiz olmasına göz yumulması, yine, erkek çocuğa erkek, kız çocuğa kız olduğunu ailenin kendi cinsiyetçi değer yargılarıyla öğretmesidir. Bir kızı ve ondan beş yaş küçük oğlu olan bir annenin, "Kızıma göz kulak olma konusunda içim çok rahat. Oğlum arkadan büyüyor; gör bak, ona göz açtırmayacak hiç!" dediğini işitmiştim. Bunu bana çocukların halası, bu anne sanki çok güzel bir şey söylemiş gibi gülerek anlatmış, belli ki yeğeninin "yanlış bir iş" yapma ihtimalinin anne tarafından da idrak edilmesini ve küçük erkek kardeşi buna çözüm olarak kullanacağı haberini mutlulukla karşılamıştı.

Sünnet Töreni, Cinsel Kimliği Pekiştirmek ve Yüceltmek Amacını Taşır

Sünnetin ülkemizde törenselleştirilmesinin tek nedeni, erkek çocuktaki cinsel kimliği pekiştirmek ve yüceltmektir. Bu pekiştirme ve yüceltme, erkek çocuk üzerinden toplum bireylerinin de karşılıklı olarak tecrübe ettiği bir şey olarak yaşanır.

Alice Miller, *Hayat Yolları* (*Wege des Lebens: Sieben Geschichten*, 1998) kitabında, terapilerde eski duygularını keşfeden erkeklerin, annelerinin sünnete rıza göstermek suretiyle kendilerine ihanet etmiş olduğu izlenimine kapıldığının ortaya çıktığını söylüyor. "Bu âdete karşı mücadeleyi, sünnetlerde asistanlık yapmayı reddeden bazı hemşireler başlatmış."[3] Alice Miller'ın aktardığı bir başka olay ise şöyle: "Bir anne, oğlunun doğumdan sonra hiç ağlamamış olduğunu, gayet güvenli ve hoşnut şekilde meme emdiğini, sünnet edilmek amacıyla yanından alınıp tekrar geri getirildikten

3 A.g.e., Metis Yayınları, 2017, Almancadan çeviren: Haluk Barışcan, s. 31

sonra ise her şeyin değiştiğini anlatıyor. Bebek sık sık bağıra çağıra ağlamaya başlamış, emmeyi reddetmiş ve aralarındaki ilişki bir daha düzelmemiş."[4] Ayrıca, sünnet edilen bebeklerin strese bağlı hormonlarının, uyku düzenlerinin değiştiğini, daha çok ağladıklarını ve daha huzursuz olmaya başladıklarını biliyoruz.

Sünnet, dinî bir uygulama değildir. İslamiyet'te de sünnetin Muhammed'in sünnetli doğduğu tevatüründen çıkarak, zamanla yerleştiği söylenir. Muhammed'in ölümünden 250 yıl sonrasına kadar böyle bir pratiğin olmadığı, artık çok sayıda ilahiyatçının da kabulü. Sünnetin ne kadar anti-İslamî bir gelenek olduğunu herkese anlatmaya çalışan İslamî gruplar biliyorum. Bu gruplar, Allah'ın erkeği zaten olması gerektiği gibi yarattığını savunuyorlar. Aralarında sünnetin "şirk" olduğunu iddia edenler dahi var.

Sünneti tarih, din, etik ve çocuk hakları açısından sorgulayan bir araştırma kitabı yazan Kaan Göktaş, gazeteci Damla Çeliktaban'a verdiği röportajda sünnetin tarihçesinin Afrika dinlerine uzandığını, Yahudilerdeki geleneğin ise köle ve mahkûm olarak sürülmelerinden kaynaklandığını söylüyor:

> Ana tanrıçaya kendini adayan erkek rahipler, kendi kendilerini hadım ederek penislerini kurban sunarlardı. Sünnet bu ritüelin modern hâlidir. Mısır'da köleler ve mahkûmlar, bir aşağılama yöntemi olarak sünnet edilirdi. Musa'nın Mısır'dan çıkardığı insanlar köleler ve mahkûmlar olduğu için, hepsi sünnetliydi. Bunu toplumsal bir işaret olarak gördüler ve devam ettirdiler. Bu şekilde de Tevrat'a girdi. Hıristiyanlık'ta yer almadı. İslam'da ise kesinlikle yok.
>
> ...
>
> Sünnetin tıbbi açıdan gerekli olduğu yalandır. Sünnet derisi insan vücudunun işlev gören, sağlıklı, yaşayan bir

---

4 A.g.e.

> kısmıdır. Görevi penisi korumaktır. Bu kısmı yok ettiğiniz zaman geriye hissiz ve savunmasız bir organ kalır. Hijyen açısından gerekli olduğu yalandır, çünkü sünnet derisi kendi ürettiği mukozamsı bir sıvıyla penisi korur. ... Hastalıkları önlediği iddiası yalandır. AİDS ile sünnet arasında bağ kurmaya çalışılsa da AİDS kanla ya da vücut sıvılarıyla bulaşır, önlemenin yolu bilinçlenmekten ve korunmaktan geçer. "Sünnet olanlar ileride penis kanseri vb. hastalıklara yakalanmaz" denilir; bu da yalandır. Kanserle sünnet derisi arasında bir bağ yoktur.[5]

Ne sağlıkla ne de dinle ilgili bir geleneğin nasıl olup da temel bir dinî pratikmiş gibi toplum düşüncesine ve hayatına bu kadar sağlam şekilde yerleşebilmiş olduğu, kuşkusuz bu kitabın konusuyla son derece ilişkili. Fakat bu bölümde amacım uygulamaların ne kadar yanlış olduğunu değil, genel olarak törenlerin ne işlev gördüğünü açıklamak, sünnet sağlık için *iyi ve gerekli bir şey olsaydı dahi* onu bu şekilde *törenselleştirmenin* erkekliği yüceltmek dışında bir nedeni olamayacağını göstermek. Bunu gösterebilmek için de anne-babanın çocuğun bedeninde ona sormadan böyle geri dönüşü mümkün olmayan bir değişiklik yapma hakkının olmadığı gerçeğini bir kenara bırakarak ve sünnetin törenden bağımsız travmasını

---

5 Damla Çeliktaban'ın Kaan Göktaş'la 1 Ağustos 2013 tarihli Habertürk söyleşisinin tamamı için kaynak: https://www.haberturk.com/yazarlar/damla-celiktaban-2250/865520-sunnet-gereklilik-mi-gelenek-mi, 30 Ocak 2019'da ulaşıldığı şekliyle. Kaan Göktaş'ın 23 Haziran 2013 tarihli Akşam gazetesinde Sibel Ateş Yengin'e verdiği röportajda konuyla ilgili daha çok bilgi var: https://www.aksam.com.tr/pazar/sunnet-dini-bir-emir-degil-midir/haber-218458, 30 Ocak 2019'da ulaşıldığı şekliyle. Törenlerdeki kalıplaşmış ifadelerden çok rahatsız biri olarak, –var olan durumu eleştirme amaçlı yazıldığını bilsem de– böyle bir ifadeyi başlık hâlinde taşıyan kitaba ise değinemeyeceğim. Nitekim "sünnet" sözcüğünün kendisi dahil *İyi Toplum Yoktur*'da geçmesi gereken birçok ifade de yazarken beni hayli zorladı. Günlük hayatımızın bir parçası hâline gelmiş çok şeyin, distopyalardakilerden çok daha aşırı, müstehcen ve aşağılayıcı olduğu kanısındayım.

göz ardı ederek konuşmak zorundayım; ve bunun için şimdiden okurdan özür diliyorum.[6]

Sünnet, "prepus" adı verilen üst derinin kesip atılmasına dair basit, cerrahi bir müdahaledir. Bu hâliyle aslında sosyolojiyi değil, tıbbı ilgilendirir. Sünneti biz de tıbbi bir işlem olarak görseydik, onu dünyanın geri kalanının yaptığı gibi hastanelerde yapardık. Kısa bir süre öncesine kadar, sünnet erkek çocuklarına Müslüman ülkelerden sonra İsrail'de, Amerika'da, Filipinler'de, Güney Kore'de, Etiyopya'da yaygın olarak uygulanmaktaydı. Buna rağmen bu ülkelerin hemen hiçbiri ona Türkiye'deki gibi anlamlar yüklemiyordu.

Suudi Arabistan'da erkek bebekler çoğunlukla yeni doğduklarında, veya bebekken sünnet edilirler. İşlem hastanede uygulandığı gibi, "mahrem" muamelesi görür. Hakkında konuşulmaz. Değil bir başkasının, aileden bir yakının bile çocuğun sünnet olup olmadığını sorması tuhaf kabul edilir. Yani çocuğun sünneti Ortadoğu gibi altrüist toplumlarda bile çocuk ile anne babası dışında kimseyi ilgilendirmez. Dünyada sünnet uygulayan ülkelerin çoğunda da durum farklı değildir.

Amerika Birleşik Devletleri'nde 1999-2002 yılları arasında sürdürülen ulusal bir araştırmaya göre toplam erkek nüfusun 79%'u sünnetliydi. Sağlık Araştırması ve Kalitesi Kurumu'nun (Agency for Healthcare Research and Quality) istatistiği de 2005 yılında doğan erkek bebeklerin 56%'sının doğdukları hastaneden çıkmadan önce sünnet edildiğini söylüyordu.[7]

6 Sünnetle ilgili bu bölümleri on beş yıl kadar önce yazıp yayımladığımda, sünnetin iyi ve gerekli olduğuna dair o yerleşik inancı henüz sorgulamaya başlamamıştım. Metni elden geçirmiş olsam da söylediklerimin o dönemden izler taşıması ihtimali var. Her tür törenin kötücül olduğu düşüncem ise çocukluğumdan beri çok net. Törenlerin ne anlama geldiği bu bölümün sonunda netleştiğinde, umuyorum ki sünnet töreninin nasıl bu kadar yaygın kabul gördüğü de kendiliğinden daha açık hâle gelecek ve sünnet töreni kendi özeli içinde daha iyi anlaşılacak.

7 Bu kısımları yazı olarak yayımladığım dönemlerde tıp otoriteleri genelince, doğdukları günlerde sünnet edilen bebeklerin acı hissetmediği, yeni-doğanlarda sinirlerin henüz vücudun her noktasında aktif

Ülkemizde sünnetlerin çocuk büyüdükten sonra yapıldığını öğrenen yabancılar genellikle çok şaşırırlar. Amerikalı bir arkadaşım "Madem önünde sonunda sünnet edeceksiniz, neden çocuğun büyümesini bekliyorsunuz? Bu çok insafsızca." demişti. Verilen tepkiler aşağı yukarı böyle.

Biz, çocuklar sünnetin ne olduğunu anlayacak yaşa gelene kadar bekleriz, çünkü bizde sünnet olayını "erkek olma" biçimine sokarak çocuğa kavratma düşüncesi esastır. Bizim için sünnet basit bir tıbbi işlem değildir. Bu işleme erkeklikle ilgili anlamlar yüklenmekte, çocuğun, daha doğrusu çocuğun ailesinin bütün yakınları dahil edilmektedir. Bunun çocuğun özel hayatına müdahale demek olduğu aklımıza bile gelmez. Bize göre çocuğun bedeni ona ait değildir; çocuğun bedeniyle ilgili bir işlemi herkesin ortasında yapmak, herkesle birlikte kutlamak olağan kabul edilir. Çocuğu yüceltir görünürken, bir yandan benlik saygısını ne kadar yaralayıcı, çocuğu ne kadar nesneleştirici ve bunu da normalize eden bir hareket...

Peki, bu basit işlemde gürültüyle kutlanılan şey nedir? Eğer kutlamanın dinî bir vecibe yerine getirildiği için yapıldığı söylenecekse, -sünnetin gerekliliğine inanan Müslümanlar için dahi- sünnetle ilgili bir *törenin* İslam çıkışlı olmadığını akılda tutmak gerek. Arabistan'da sünnet her zaman sessiz sedasız yapılmaktaydı. Sünnete "erkek olmak" gibi anlamlar yükleyen, bu "erkek olma" aşamasını önce yüceltip sonra çocuğa bu yücelik içinden aşılamayı hedefleyen bizleriz.

Kutlama, aslında sadece işlem penisle ilgili olduğu için yapılmaktadır. Kenya gibi sünneti törenle kutlayan toplumlar, sünneti değil penisi kutsal gören, bu yüzden onunla ilgili bütün işlemleri abartan toplumlardır.[8]

---

olmadığı kabulü yaygındı; ancak yapılan bazı yeni araştırmalar bebeklerin de acıyı yetişkinler kadar hissettiğini, hatta yetişkinlerden daha yoğun hissettiğini savunuyor. Bebeğin doğar doğmaz sünnet edilmesi pratiği sünnetin ne kadar erken gerçekleşirse o kadar kolay ve acısız olacağı düşüncesine de dayanmaktadır. Ülkemizde, yine, amacın çocuğun iyiliği, sağlığı, mutluluğu olmadığını görüyoruz.

8 Afrika'da penisi yücelten geleneksel törenler yaygındı. Mesela erek-

Eğer kız çocuklarını sünnet eden bir kültürümüz olsaydı, hiç şüphe yok ki kız çocuk sünnetleri sessiz sedasız, hatta utanılarak yapılacaktı.

Halide Edip Adıvar'ın çok sevdiğim *Sinekli Bakkal*[9] romanında tuhaf bir sahne vardır. İtalyan piyanist Peregrini, romanın kahramanı Rabia'yla evlenmeye karar verir ve Müslüman olur. Rabia'nın babası yaşında olan Peregrini'nin Müslüman oluşunun hemen ardından, aynı çocuklara yapıldığı gibi bir sünnet töreniyle, çocukların giydiklerine benzer bir kıyafet giyerek ve herkesin davet edildiği, kalabalığa etli pilav dağıtılan bir törenle sünnet olması ilginçtir. Romandaki birçok ayrıntı gibi bu bölümü de gerçek dışı bulmakla birlikte, Halide Edip'in sünnet törenlerinin işlev ve anlamı üzerine çok düşünmediğini, sünnet konusunda toplumun şekilci yaklaşımından çok da derine inemediğini sanıyorum.

Toplumdaki şekilciliğin, aşılanmak istenen bir zihniyetin sonucu olduğunu ve salt sonuç olarak muamele görmesi gerektiğini unutmamalı. Türk toplumunun sünnet törenini ne bebekler ne yetişkin erkekler için değil de, ne olduğunu kavrayacak yaşta çocuklar için düzenlemesi teamülü, bize Türk toplumunun zihni açısından çok şey söylüyor. Yetişkin bir erkeğin böyle bir törene ihtiyacı yoktur, zira o erkini ve rüşdünü zaten ispat etmiştir. Padişah kıyafeti giydirilen bir yetişkin erkeğin sünnet törenini komik ve küçük düşürücü bulmamızın nedeni, nitekim onun halihazırda çoktan bu ispatın üzerinde olmasından kaynaklanıyor. Bu sahnenin bize hissettirdikleri, törenlerin işlevi kadar, çocuğu yetişkin karşısında nasıl konumlandırdığımızı da resmediyor aslında.

---

siyon problemi yaşayan erkekler dev bir penis heykeline oturtulur ve çevresini saranlar erkeğe o bu heykelin üzerindeyken dua ederdi. (Afrika'da kırsal kesimlerde bu seremonilerin hâlâ yapıldığı söyleniyor.) Bahsettiğim tören bize komik ve İslam'la ilgisiz görünebilir; ama çoğumuza normal görünen sünnet töreni bundan çok mu farklı?

9 İngilizce yazılarak ilk kez 1935'te *The Clown and His Daughter* adıyla İngiltere'de yayımlanan roman, yayımlanmasının hemen ardından yazarı tarafından Türkçeye çevrilerek 1936'da Türk okuruyla buluşur.

Sünnet törenleri, diğer bütün törenler gibi, içkin olarak, "alt" ve "üst" arasındaki ilişkinin orada bulunan veya hadiseden bir şekilde haberdar olan herkes tarafından içselleştirilmesi esasına dayanıyor. Sünnet, nikah, düğün ve kına törenleri, erkek çocuğu, gelini, damadı, toplum karşısında bir "alt" olarak bize duyururlar; amaçları, toplumun gücünü ve birey olarak toplum karşısındaki acziyetimizi duygusal ve zihinsel anlamda pekiştirmemizdir. "Sünnet çocuğu" diyerek ifade olarak dahi nesneleştirdiğimiz çocuk, sünnet töreni vasıtasıyla bedeninin kendisine değil, aile ve topluma ait olduğunu, aile ve toplumun bu beden üzerinde dilediğini yapma hakkı ve tasarrufunu elinde bulundurduğunu hisseder. Sünnet töreninin çocuğa "Dilersek seni de kesebiliriz." demek olduğunu, çocuğu kesemediğimiz için bunu böyle minimal bir temsil üzerinden yaptığımızı düşünenlerin sayısı hiç de az değil. Bu "minimal temsil"in cinsiyet ve cinsellikle ilişkisi ise kuşku götürmez.

Törenler, Toplumun Bireye Dayatmak İstediği Anlayışları Biçimselleştirirler

Törenler, toplumun bireylere dayatmak istediği anlayışları biçimselleştirirler. Erkekliğe önem veren ailelerin sünnet törenlerini de önemli gördüğünü, bu ikisi arasındaki kaçınılmaz ilişkiyi kolayca gözlemleyebilirsiniz. Sadece sünnet değil, nikah, düğün gibi her tür tören ataerkil reflekslere dayanır ve ailedeki ataerkillik ne kadar güçlüyse bu törenlere verilen önem de o oranda artar.

Çocukluk atölyesi katılımcılarından Gaye Elmas Ünver, bir muayene sırasında doktorun o sırada üç aylık olan oğulları için acil olarak sünnet önerdiğini söylemişti. Doktorun teşvikiyle, işlem hemen yapılmış. O gün ziyarete gelen kayınvalidesi, içeri girerken çocuğun neden ağladığını sorduğunda Gaye Hanım "Bugün sünnet oldu." diye cevap vermiş. Bu cevabı duyan babaanne, tek kelime etmeden paltosunu alarak evden çıkmış.

Gaye Hanım, diğer aile büyüklerinden de buna benzer tepkiler aldıklarını, çocuğun onlara haber verilmeden ve düğün olmadan sünnet ettirilmesine çok öfkelendiklerini söylüyor.

Ailelerin böyle tepkiler vermesi, bu törenlerde amacın çocuğun iyiliği, sağlığı olmadığının açık bir ispatı. Doktorun acil bir ameliyatın gerekli olduğunu söylediğini bilmelerine rağmen, çocuğun küçük olmasını gerekçe olarak göstermek, anne-babanın onlara haber vermeden ve kendilerinin de bir parçası olacağı bir düğün düzenlemeden böyle bir şey yapmaya hakkının olmadığı düşünmek, sünnet töreninin aslında sünnetle değil, erkeklik kavramıyla ilgili olduğunu, toplumun, bu erkeklik bilincini üst'ün alt'ına dayatması gereken bir biçim olarak algıladığını gösteriyor. Birazdan anlatacağım gibi, nikahın nikah töreni yahut düğünle törenselleştirilmesinde aile baskısı da bundan farklı amaçlar gütmüyor. Ne de olsa "Cinsellik, toplumların temel yapı taşıdır." ve kadına kadın, erkeğe erkek olduğunu öğretmek ve cinsiyet şablonlarını pekiştirmek için yapılması icap eden her töreni, aile kendi sorumluluğunda addeder.

Evlilik, Cinsel Sadakatin İlanından Başka Bir Şey Değildir

Evlilik aslında tek bir anlama gelmektedir; o da, iki insanın birbirlerinin cinsel partneri olduğunu herkese duyurmasından başka bir şey değildir. Evliliklerinin açık bir ilişki olduğunu ifade etmedikleri müddetçe, karı-kocanın nikahla, birbirlerine cinsel anlamda sadık kalma sözü vermiş olduğunu varsayarız. Evliliğin, bunun dışında ona yüklenen anlamlarla, yemeği kimin yapacağıyla, evi kimin süpüreceğiyle, çöpü kimin çıkaracağıyla, tatile kimin kiminle gideceğiyle, geniş aileden kimin kiminle ne zaman ve ne sıklıkta görüşeceğiyle, hatta, iki kişinin birlikte yaşayıp yaşamayacağıyla,[10] kısacası,

---

10 Bunu söylediğim zaman genellikle tepki alıyorum, ama evlilik akdi-

bizim aileye dayattığımız her ne kadar yapay gündem varsa onunla, hiçbir ilgisi yoktur.

Evlilik, iki insan onu ne yaparsa odur. "Evlilik, aynı zamanda eşin ailesiyle de evlenmektir.", "Evlilik, iki kişinin ailelerinin de evlenmesidir." gibi saçma laflar, bireylere toplum ve aile baskısını hissettirmek için uydurulmuş, gerçeklikten tamamen uzak söylemlerdir. Çok yazık ki çok insan, bu sözleri hep duyagelmiş oldukları için onları gerçek sanıyor ve kendilerinden gençlere de tekrar etmeyi iyi bir şey sanıyorlar. Hayır, gerçek, sizin kendi gerçeğinizdir; gerçek, yaratılan bir şeydir. Gerçek, siz onu nasıl yaratırsanız öyle olacaktır. Başkalarının buna engel olabileceği düşüncesi aslında yalandır. Hatta, sizin yaratmadığınız gerçek size ait değildir; böyle bir durumda, bir başkasının gerçeğini kendi gerçeğinizmiş gibi yaşamış olursunuz.

Nikah/düğün, "kız isteme" gibi merasimler yüzünden evlilikten korkan, "Bunları atlayarak direkt aynı evde yaşama evresine geçebilseydik hemen yarın evlenirdim." gibi sözler sarf eden çok kişi duyuyorum. 1. Henry Ford'un "Yapabileceğinizi mi düşünüyorsunuz? Ya da: yapamayacağınızı mı düşünüyorsunuz? Her iki durumda da haklısınız." diye bir sözü vardır. Birilerinin size evlenebilmek için türlü merasimlerden geçmeye mecbur olduğunuzu söylemesi, bunlara mecbur olduğunuz anlamına gelmez. Sizinle bu mecburiyet söylemi içinden konuşan kişilerin sayısı ne kadar çok olursa olsun, bu kişiler size

---

nin içinde "iki insanın birlikte yaşaması" gibi bir kural yoktur. Birlikte yaşamak, çocuklara birlikte bakmayı ve aktif cinsel yaşamı kolaylaştırmak için ortaya çıkmış bir yöntem. Ünlü bir profesör, evlendikleri günden beri kendisinin Büyük Britanya'da, eşinin Amerika'da yaşadığını, böyle mutlu olduklarını söylüyor ve yirmi yıla yakın zamandır evli. Öyle veya böyle, evliliğin dayandığı temel şey "birlikte yaşamak" değildir. Birlikte yaşadıkları hâlde ayrı yatan, cinsel anlamda birlikte olmayan bir çift, evraklar ne derse desin gerçekten evli değildir. Anadolu'da rastlanabildiği üzere, misafir olarak gittiğiniz evde sizi eşinizle ayrı odalarda yatırmayı teklif eden bir insanın, evliliğinizin başka hiçbir tarafına da saygı duyamayacağı gibi.

ne kadar "yakın" olurlarsa olsun. Tekrarlıyorum, evlilik, iki kişi onu ne yaparsa odur, ve buna evlenme süreci de dahildir. Evlenmek istediğiniz kişi ile istediğiniz biçimde evlenme hakkınız üzerinde hiç kimsenin "gerçek" bir dahli yoktur. O dahli, ancak siz ona inandığınız zaman gerçek yaparsınız. Yani "kız isteme" gibi ismi bile çok sorunlu olayları gerçek yapan, sizin bunların gerçek olduğuna dair asılsız inançlarınızdır. İki kişinin gidip istediği şekilde evlenmesine engel olan, söylendiği gibi anne-babalar, akrabalar, toplum değil; o iki kişinin kendisi. Ama toplum bize "Hayır, önünüzdeki engel aileniz/toplum." dediği, buna inanmamızı istediği için inanmış hâldeyiz bu yalana.

Konuştuğum insanlar, "kız isteme" denen şeyin ismini, şeklini, uygulanmasını yanlış ve anlamsız buluyor, ama ne kendileri ne de yakınları için böyle bir merasimin parçası olmama düşüncesini içlerine sindirebiliyorlar. "Ama o benim en yakın arkadaşım. Tabii ki böyle bir günde yanında olacağım." diyerek merasimlere iştirak etmemiz, o merasim geleneğini sürdürülür kılıyor. Bir toplumu ve kültürü biçimlendiren şey, tek tek eylemlerin sürdürülmesinde saklı.

Evliliğin salt cinsellik odaklı bir şey olduğunu söylememle, evliliği hafife aldığım sanılmasın. Cinsellik, yaşansın yaşanmasın, hem iç hem dış hayatımızın merkezidir, "çocuk"u ve dolayısıyla "yaşam"ı sembolize eder; ve "çocuk" gibi önemli bir ihtimalin sorumluluğunu birlikte almayı, derin bir duygusal iletişimi ve daha birçok şeyi kendiliğinden içerir.[11]

---

[11] Burada "çocuk"tan sadece reel çocuğu kastetmediğimi vurgulamalıyım. Söylediklerim, mesela, çocuk sahibi olma yaşını geçmiş, yahut, çocuk sahibi olma ihtimalini geri dönüşü olmayacak şekilde ortadan kaldırmış kimseler için de geçerli. Clarissa Pinkola Estés de bu kitapta yine sıklıkla atıfta bulunacağım *Kurtlarla Koşan Kadınlar*'da "'Doğurganlık' evresi denen şey aybaşı görmekle başlayıp menopozla bitmez." (s. 261) diyor. Yine aynı kitaptan örnek verirsem, "Doğurmak insanın kendisi olmasının, tek benlik, yani bölünmemiş bir psişe olmasının psişik eşdeğeridir." (s. 469). Ayrıca, psikiyatrist Jean Shinoda Bolen'in, menopoz sonrası kadınların aybaşı kanının enerjisini

Dinlerin nikah talebinin tek nedeni, nesebin karışmamasıdır. Dinler de nikaha benim yukarıda anlattığım gibi, iki kişinin birbirinin cinsel partneri olduğunu ilanı olarak bakar. Bu ilanın biçimleri ve içeriğine dair değişik şartlar oluşturulmuş olsa da dayandığı temel aynıdır. Hac yapmanın tek şartı nasıl Arafat'a çıkmaksa, bunun dışındaki hiçbir şey kişiyi hacı yapmazsa, aynı öyle, nikahın da olmazsa olmaz tek şartı, karşılıklı rızadır. İslam mutasavvıfı Tuğrul İnançer'in sözleriyle söyleyeyim: "Ben bununla evlenmeye râzıyım, diyerek bunu beyan etmek. Ne imam, ne şâhit, ne mehir bunların hiçbiri olmasa bile nikâh, nikâhtır. Ama bütün bu teferruat olup da rızâ olmadı mı nikâh, nikâh değildir."[12] Yani bir kız ailesi tarafından evlendirilmeye zorlanıyorsa, gerçekten rızası yoksa, ortada nikâh da yoktur, tecavüz vardır.

Peki bir çift karşıdaki kişiyle evlenmeye rızası olduğunu beyan ettiğinde, yapmaya rızası olduğunu beyan ettiği şey nedir?

Tabii ki, bulaşıkları kimin yıkayacağı ya da bir yere giderken arabayı kimin kullanacağı değil. Biz bu anlamların hepsini sonradan evlilik etrafında kadına ve erkeğe atfetmişizdir.

Nikâh uygulamasını, dinler tarihi ve antropolojiden ayrı düşünebilmek mümkün değil. Nikâh, çocuk olsun veya olmasın, çocuk ihtimali üzerine bina edilmiştir. Nikâh ile amaçlanan, kadın hamile kaldığında çocuğun babasının kim olduğunu kimsenin beyanına ve ispatına gerek kalmadan bilmektir. Aksi iddia yahut ispat edilmediği sürece, çocuğun, doğduğu kadının eşinden olduğunu varsayarız. Bir çift, açık bir ilişki sürdürdüğünü beyan etmediği sürece, cinsel anlamda birbirlerine sadakat sözü vermiş olduklarını varsaydığımız gibi. Fakat burada "çocuk ihtimali" dediğim şeyi, çok katmanlı, salt

---

bedenlerinde tuttuklarını ve bunu reel çocuk yerine içsel bilgeliğe dönüştürdüklerini anlattığı bir kitabı var: *The Wise Woman Archetype: Menopause as Initiation*, Sounds True, 1991.

12 *Ö. Tuğrul İnançer ile Gönül Sohbetleri*, 2005, Sufi Kitap, 2010, s. 61

duygusal yahut psişik boyuttan da oluşabilecek bir durum olarak düşünmek gerek.

Bu açıdan, nikâhın kadını ve çocuğu korumak amacıyla yapıldığını söylenir. Cinsel partnerinizin kim olduğunun ilan edilmemesi yahut yanlış ilan edilmesi, bir kadını hakikaten güç duruma düşürebilir. *Kar ve İnci* romanımda, böyle bir ilanın neden gerekli sayıldığını, cinselliğin gizliliğinin bir kadını neden ve ne şekilde zor durumda bırakabileceğini tartışmaya çalıştım. Deniz İlter, Gece'ye, evliliğinin evlilik olmadığını, yani eşiyle zaten cinsel beraberliklerinin olmadığını söyleyen bir bestekârdır. Fakat Gece ile bu durumda birliktelikleri, Gece'yi zor duruma düşürür. Evli olduğu "ilan edilmiş" kadın, her zaman daha korunaklı durumdadır. Ve "çocuk ihtimali" ile reel bir çocuğun varlığı bu açıdan birbirine eşdeğerdir. Her birleşmenin, çocuk ihtimalini ve bu ihtimalin sorumluluğunu birlikte almayı da kendiliğinden içerdiğini söylemiştim. Ben bir erkeğin birlikte olduğu kadına birdenbire sırt çevirip gitme, onu arayıp sormama lüksü olmamasının, üç ay, dört ay, yahut her ne kadar süre belirlenmişse o kadar süre ilişkiyi devam ettirme zorunluluğunun dinlerde tartışılmasını da bu ihtimalin -reel ve/veya salt duygusal bir ihtimalin- varlığı ile okuyorum.[13]

---

[13] Burada kastettiğim şey, iddet. İddet, İslam hukukunda günümüze geldiği şekliyle, kadının kocasından ayrıldıktan sonra bir başka erkekle evlenmek için beklemeye mecbur olduğu süre olarak biliniyor. İddet süresinin, kadının hamile olup olmadığından emin olmak için konduğu söylenir. Ben bunu, böyle bir ihtimali hem reel hem duygusal anlamda taşımakla -ki bu ikisi birbirinden ayırmak mümkün değil- ilişkili değerlendiriyorum. İddet süresince erkek, ayrıldığı kadına bakmakla yükümlüdür. Bunu da, aralarındaki ilişki bitmiş olsa bile, eğer duygusal anlamda, cinsellik kadar şiddetli bir yakınlık vuku bulduysa erkeğin birden çekip gidemeyeceği, kadının nasıl olduğu ile uzaktan bile olsa ilgilenmesi gerektiği şeklinde okuyorum. *Kar ve İnci*'de de bu konuyu tartışmaya çalıştım. Çocuk ihtimali, salt ihtimal olarak da, kadın ve erkeği birbirlerine eşit olmadıkları bir pozisyona sokar. Cinsellik ve sonrasında erkeğin kadına daha hassas davranmaya mecbur olmasını bu ve benzeri eşitsizliklere dair şeyler olarak yorumluyorum.

Thomas Hardy'nin *Jude the Obscure* (*Adsız Sansız Bir Jude*, 1895) romanı, Kilise'nin nikâhı geri dönüşü olmayacak şekilde kıymasına karşı bir eleştiri olarak okunabilir. Bu eleştiri, Winterbottom'ın çok sevdiğim *Jude* (1996) filminde görsel olarak da veriliyor. Jude, filmin sonlarında nikâhlı karısıyla birlikte olduğunda, seyirci olarak, yapılan şeyin yanlış olduğunu hissederiz; görsel olarak da bu yanlışı içimizde duyarız. Bir başkasıyla Kilise'de evlenen Sue Jude'la birlikte olduğunda ise bu bize doğru gelir. Filmin sonunda Jude'un da Sue'ya ısrarla söylediği gibi, dünya üzerinde iki evli insan varsa bu, ikisidir. Kilise nikâhı ve Kilise'nin bunun tek nikâh (tek doğru) olduğu beyanı, içimizdeki doğruyu yansıtmamaktadır. Bu da, en azından Thomas Hardy'nin bakış açısıyla, Kilise'nin, doğal dinden saptığına kanıttır.[14]

Bedenimizle Arzuladığımız Biçimler, Ruhumuzla Arzuladığımız Şeylerin Fizikî Aksidir

Cinselliği ve duyguları birbirinden ayrı düşünmek, sağlıklı bir tutum değildir. Neden o kadını/erkeği değil de bu kadını/erkeği arzuladığımız, salt fiziksellikle, cinsel hazzın salt fizikî boyutta tatminiyle açıklanamaz. Fiziksel hiçbir şeyin sadece fiziksel olamayacağını *İyi Aile Yoktur*'da da vurgulamaya çalıştım. Cinsel arzu, o kişiyle daha derin boyutta iletişim isteği demektir. Fiziken iç içe geçmek, duygusal ve zihinsel olarak iç içe geçme arzusunun biçimleşmiş hâlidir. Ruhun arzulamasıyla bedenin arzulaması arasında fark yoktur. Beden, ruhun arzuladığını ruha duyurmak için araç işlevi görür. Bedenimizle arzuladığımız biçimler, ruhumuzla arzuladığımız şeylerin fizikî aksidir.

Küstüğümüzde, kendimizi korumak istediğimizde, içimizi

---

[14] Yazıldığı dönemde büyük tepki alan roman, Wakefield piskoposu Walsham How tarafından yakılmış, Thomas Hardy, piskoposun bu eyleminin Thomas Hardy'nin kendisini yakamamaktan gelen ümitsizliğinin sonucu olduğunu söylemiştir.

paylaşmak istemediğimizde -bazen bunu sadece mecazi anlamda yapsak da- arkamızı döneriz. Kendimizi açmak istediğimiz insana önümüzü döneriz; o insanla konuşurken kollarımızı açarız. Bedenimizin ön yüzünün bu şekilde açık olması, muhatabımızı iç dünyamıza kabul edebildiğimizi gösterir. Önümüz, daha zayıf olduğumuz, tanımadığımız kimselere kolay açamadığımız tarafımızdır. Kendimizi korumak istediğimizde, bedenimizi kapatan pozisyonlar alırız kendiliğinden. Kollarımızı göğsümüzde bağlarız, vücudumuzu toparlarız, uzayda daha az alan kaplarız, bacak bacak üstüne atarız. Kişiye dışarıdan korunma hissi veren bacak bacak üstüne atmanın, en zayıf, en hassas yerimiz olan genital bölgemizi koruma işlevi gördüğü söylenir. Cinsellik ise, bunun tam tersidir. Bir insanı her şeyiyle dünyamıza kabul edebildiğimizin mümkün en açık şekilde ve dolayısıyla fiziken ifadesidir. Ghislaine Paris'in *Cinselliğin Önemi*'nde ifade ettiği gibi, "Gerçek şu ki cinsellik yemek, içmek ya da uyumak gibi fiziksel bir ihtiyaç değildir ve özellikle vurgulamak istiyorum, bu hem kadınlar hem de erkekler için geçerlidir.",[15] "Cinsellik şiddetli bir deneyimdir.",[16] ve "Cinsel ilişki dediğimiz şey öyle içtendir ki bizim en derindeki çekirdeğimizi açığa çıkarır ve bizi tartışmasız savunmasız kılar."[17]

Cinselliğin hazzın tatmini olmaktan çok öte bir içsel deneyim olduğundan söz etmiştim. Kadınlar da erkekler de, partnerlerine zevk vermekten haz alırlar, haz verdiklerini duyabildikleri ölçüde cinsel tatmin yaşarlar. Yani cinsellik, hep bir "öteki" iledir, "öteki" ile bağ kurma kapasitemiz üzerine inşa edilir, "öteki"nin farkını tanımayı ve tecrübe etmeyi içerir. Karşı cinsi yahut herhangi bir cinsi küçük görmek, bir cinsiyete dair oluşturulan tavır, cinselliği de direkt olarak etkiler. Sözgelimi bir erkeğin kadınlara karşı herhangi türde

---

15 A.g.e., s. 111

16 A.g.e., s. 119

17 A.g.e., s. 24

şiddete meyilli olması, cinsel kimliğin içte hasar görmüş ve düzgün gelişememiş, olgunlaşamamış olmasının ifadesidir aslında.

Bu fiziken ifade etme hâlinin erkek ve kadın için zıt biçimlerde oluşu, aralarındaki cinsel eşitsizliği de vurgular. *İyi Aile Yoktur*'da Alice Miller'in, açıklık içermeyen sevgi olamayacağını söylediğinden, "Sevgi, kendini açmak demektir. Karşıdakini kabul etmek, anlamak ve sevmek demektir." dediğinden bahsetmiştim. Cinselliği, böyle bir kendini açma, muhatabını kabul etme, anlama ve olduğu gibi sevme durumunun iki insan arasında mümkün en özel, en şiddetli, en derin şekilde fiziken yaşanması olarak düşünebiliriz. Bu, hem erkek hem kadın için böyledir. Ama erkek için, cinsel gücünü kadın vasıtasıyla duyma, fiziken hakimiyet kurma hisleri, kadının beynine ve kalbine sokulma arzusu bedenen yaşanır. Kadın içinse cinsellik, bir erkeği hayatına olduğu gibi kabul edebilme, en zayıf hâlde en zayıf noktasını ona açabilme kapasitesinin fiziksel hâlidir. Sevmenin karşılıklı fizikî yaşanması, sevme hâlinin ortak deneyimi içinde, tamamlayıcı olsa da böyle zıt anlamlar barındırır ve muhtemel sorunların da temeli burada yatar.[18]

Bazı muhtemel sorunların önüne geçebilmek amacıyla toplum tarafından şartlar oluşturulmuş; ancak bu şartlar, çoğu zaman olduğu gibi yine, ilk hallerinden saparak orijinal amaçlarının tam tersi işlev görür hâle getirilmişlerdir.

---

[18] *Fildişi Kuyu* kitabımda, burada bahsi geçen kadın ve erkek cinselliğini daha detaylı irdelemeye çalıştım. *Kar ve İnci* romanımda ise kadın ve erkek cinselliği arasındaki eşitsizliği resmetmeye çalıştım ki romanın cinselliği yorumlayan kimi bölümlerine bu kitap içinde de yer vermeye çalışacağım. Ayrıca, *Buğu* romanımda metaforlar üzerinden anlattığım birçok şey de –bu pek anlaşılmamış olsa da– cinselliğe göndermeydi. Bütün kitaplarımın (ve bir yazarın bütün kitaplarının), özeti imkânsız tek bir düşüncenin birbirini tamamlayan bölümleri olduğu kanısındayım. Kurmaca olsun olmasın her kitabım diğerlerini açıklıyor. Burada söylediklerimin daha iyi anlaşılması için, diğer kitaplarımın okunmasını isterim. Kitaplarımın her biri, tek bir derdin farklı biçimde ifadesi.

Nikah, Çift ve Toplum Arasında Bir Hadisedir

Evlilik töreni, çok eskiden bu yana, iki insanın cinsel olarak bir araya gelmesinin toplum tarafından onaylanması anlamına gelen ve bu onaya hizmet eden bir törendi. İngilizcede "consummation" adı verilen, "evlilik aktinin cinsel birliktelik yoluyla tamamlanması"na dair kavram, dünyanın her yerinde nikahın yahut düğünün son aşamasını ifade ediyordu.[19] Başka bir deyişle, amaç, "aktin yerine getirilmesi" anlamını taşıyan "consummation" eyleminin önceki veya sonraki gece değil, fakat o gece vuku bulmasının toplum tarafından garanti altına alınmasıydı. Aslında sadece iki kişi arasında yaşanan mahrem bir olayın "vakti", "başlangıcı" gibi detaylar, onlar dışındaki insanlar tarafından belirleniyor ve olayın faili olan çift, olayla fiilî ilgisi bulunmayan bu insanların elinde o olayın detaylarına ilişkin yaptırım gücü bulunduğunu, kendi özel fiillerini bu güç onayınca yaşamaları gerektiğini biliyor ve hissediyorlardı.

Dünyanın farklı toplumlarındaki birçok nikah ve düğün biçimi bu anlattıklarıma emsal teşkil edebilir, fakat ben sayısız benzerleri arasından, eski Avrupa'daki Yahudi toplumunun evlilik törenlerinden birkaç ayrıntıyı örnek vereceğim: Gelin ve damadın karı-koca ilan edilmesinin ardından kırılan bardak, İngilizcede "bekaretin bozulması" anlamına gelen "breaking the hymen" ifadesindeki "kırılma"yı temsil ediyordu. Temsilî olarak bardağı kırmasının ona temsilin gerçeğini yapmak üzere cesaret vereceği düşünülen damat, biraz dansla daha da cesaretlendirildikten sonra, nikahın kıyıldı-

---

[19] "Consummate" etmek, "niyet edilen şeyi tamamlamak" anlamına geliyor. "Con", "ile, birlikte", "sum, total" olarak açıklayabileceğimiz "summa" ise "toplam, tamam" demek. 1530'lardan kalan "consummation" kelimesi, "evlilik aktini ilk *cinsel ilişkiyle* tamamlamak"tır. İngilizcede bu ifade "Then, the marriage was consummated.", yani "Evlilik, daha sonra konsüme edildi," şeklinde kullanılır ki bu, çiftin nikahtan sonra cinsel ilişkiye girdiğini kibarca söylemektir. Konsümasyon olmadığı sürece, nikah tamamlanmamıştır; yani çift evli değildir. Bunun farklı versiyonlarını İslam'da ve başka toplumlarda da görüyoruz.

ğı, dört direkle çevrili platform üzeri örtülerek çadır hâline getiriliyor, düğün ahalisi gelin ve damadı çadırda baş başa bırakarak, yakın ama ayrı bir sahaya, eğlenmeye gidiyorlardı. Eğlenmeye devam ederlerken gelin ve damadın aralarına katılması, nikah aktinin sorunsuzca yerine getirilmiş olduğu anlamına geliyordu. Gelin ve damat eğlenceye katılamıyorsa, bu, aile büyükleri sorunu bertaraf etmek üzere meseleye dahil olması icap ediyor demekti. Aslında, fizikî bir problem yaşanmasa bile, aile ve toplum zaten hep orada, gelin ve damadın arasındaydılar. Nitekim küçük, sade bir nikâhta dahi kaç kişi varsa, akşam gelin ve damadın yatak odasında o kadar insan var demektir.

Evlilik töreni iki insan arasındaki bağ üzerine kuruluyor gibi görünse de, geleneksel zihniyetin içinden düzenlenen bir nikahta gelin ve damat törenin öznesi değil, nesnesi durumundadırlar. Böyle bir törende bağ sadece gelin ve damat arasında, eğer tören dinî bir nitelik taşıyorsa bir de Tanrı'yla değil, aynı zamanda, hatta asıl olarak toplumla da kurulmaktadır. Tören ne kadar büyük olursa gelin ve damat da bu tören içinde o kadar edilgen hâle gelirler. Fakat, cinsel bağlamda olduğu gibi sosyal açıdan da, törenin asıl nesnesi kadın'dır. Tören, bir çift olarak kadınla erkekten ziyade, tek başına kadının, kadın vücudunun, cinselliğinin, erkeğin, erkeğin ailesinin, ve erkeğin ailesi vasıtasıyla toplumun malı hâline getirilmesinin herkesin zihninde pekiştirilmesi görevini görür. Bu yüzden nikahla ilgili kavramlar da hep kadın etrafında inşa edilmiştir. Unamuno'nun *Tula Teyze* romanında Rosa'nın kocasına "Hem siz erkekler [evlilik konusunda] ne bilirsiniz ki! Evlenen biziz, siz değil."[20] deyişi yersiz değil.

"Gelin" sözcüğünün kökü "gelmek"tir. Sözcük, kadının evlenerek, babasının evinden kocasının ve/veya kocasının ailesinin evine *geldiğini*, artık bu evin malı hâline getirildiğini vurgular. Bu nedenle geleneksel anlamda düğün de, kadını ba-

---

[20] Can Yayınları, İspanyolcadan çeviren: Yıldız Canpolat, 1985, s. 34

basının evinden alma, kadının artık o eve değil de kocasının ailesinin evine ait olduğunu gösterme töreni şeklinde düzenlenir. Anadolu'da "gelin *alma* töreni" olarak bilinen şey, bunu herkese bu şekilde gösterme üzerine inşa edilmiştir. "At", "gelinin ata binmesi", bu nedenle sembolik anlamlar ihtiva ediyordu. Şimdi ise kadının "baba evi"nden alınıp götürülüşünü simgeleyen "gelin arabası", çiftten ziyade gelini taşıyor ve onun edilgenliğini vurguluyor gibidir. Gelinlik, normal bir elbise değildir ve zaten özelliği de "fazla" olması, normal bir günde giyilebilecek bir elbise olmamasıdır. Gelinlik, geline herkesin bakışlarının odağı olması, dikkat çekmesi için giydirilmiştir; abartılı vurgusuyla, törenin gelinin etrafında dönen, gelin için hazırlanan bir hadise olduğuna işaret eder. Damadın giydirildiği kıyafetlerse, "normal" günlerde giydiği takdirde bile kimsenin dikkatini çekmeyecek, yadırganmayacak, sırf bu törenin niteliğine mahsus olduğu gelinlik gibi açıkça belli olmayan kıyafetlerdir. Kadın beyaz gelinlik içinde, bir insandan, bireyden ziyade sunakta ailesi tarafından bir erkeğe ve onun vasıtasıyla Ataerkil Toplum Tanrısı'na kurban edilen, bunun için yetiştirilmiş bir adağı andırmaktadır. Nitekim nikah ve düğün töreni de, -sünnet töreni gibi- bu adağı hep birlikte sunma törenidir.

Geçenlerde bir oyuncunun nişanlısının kına gecesi salonuna taht üzerinde getirilmesi, kraliçeliğe özenti gibi yorumlandı. Evlenme törenlerinin zaten kraliçeliğe özenti barındırması bir yana, taht da aslında bakire kadını erkeğe sunma geleneğinin bir parçası. Birçok kültürde, mesela Uzak Doğu'da halktan bakire bir kız krala cariye olarak ilk kez sunulacaksa evinden törenle tahta bindirilerek saraya getirilir, tahttan indirilince de krala sunulacağı yatağa alınırdı. Yani orada da tören, "tahta bindirme" ve "tahttan indirme" töreniydi.

Ortada taht olsun olmasın, bizdeki nikah/düğün töreninin bundan pek de farklı olmadığını düşünüyorum. Batı'da açık artırmayla erkeklere satılan bakire kız çocukları da genelevlerin salonuna taht üzerinde getiriliyorlardı. Bir çocuğun içine doğduğu realiteyi nasıl içselleştirdiğini çok güzel anlatan *Pretty Baby* (1978) filminde de on bir yaşında bir kız çocuğunun (Brooke Shields) genelev salonuna taht üzerinde getirilişi bu tarihsel realiteye örnek.

Ortadaki araç ister at olsun, ister son model bir araba, ister taht, buradaki mesele, gelinin bu araca *bindirilmesi*dir. Her birimiz, gelinin ata/arabaya/tahta *bindirildiğini*, birileri tarafından evinden alınıp bir başka yere *götürüldüğünü* gözlemler ve bunu zihnimize gelinin *kendisinin hareket etmeyip, başkaları tarafından eyleme geçirildiği* gerçeğinin vurgusuyla yerleştiririz. Bu, kadının dilediği erkekle dilediği gibi evlenemeyeceğini, evlendikten sonra da eşiyle dilediği gibi bir evlilik hayatı sürdüremeyeceğini söylemek içindir bize, söz konusu kadın o sırada kendi seçtiği erkekle evleniyor olsa bile. Eğer evlenme törenindeki kadın ata kendi dilediği zaman, kendi dilediği şekilde, özgürce binseydi, atı kendisi yönlendirseydi, bu bize gelinin kendi hayatının kendi elinde olduğu mesajını verirdi. Ama törenler zaten, bize bu mesajın aksini hissettirmek için var.

At, gelinin kendi hayatını, bu hayattaki hareketleri sembolize eder. Ata/arabaya bindirilmek, kendi hayatımızın kendi kontrolümüzde olmadığı, olamayacağı inancını pekiştirir. Daha da kötüsü, bu inanç o törene şahit olan ve/veya onu normalize eden herkes tarafından pekiştirilmektedir. Eşimizle dilediğimiz gibi bir hayat sürsek bile çevrenin bu özgürlüğümüzü bir şekilde baltalamaya çalışması bu inancın sonucu, ve törenler bu inancın pekişmesinde kilit rol oynuyor.

Gelinlik, Beyazlığı Değil, *Son Beyazlığı* Temsil Eder

Nikah törenini üç-beş kişiden oluşan çok basit bir tören olarak bile düzenleseniz o tören, "gelini ve damadı o odaya uğurlama" törenidir; ama asıl uğurlanan, damat değil, gelindir. Gelinlik, beyazlığı, masumiyeti, bekareti temsil etseydi bu belki katlanılabilir bir durum olabilirdi. Ancak gelinliğin temsil ettiği şey *beyazlık* değil, *son beyazlık*tır. Nitekim herkesin bir araya gelip kutladığı şey de beyazlığın gidişine son vedadır.[21]

Evlilik töreninin kadın etrafında oluşturulması, bu işlerin en başından itibaren kadının özne değil, nesne olduğunu vurgulayacak şekilde gelişir. Bir insan bir başka insandan *istenebilirmiş* gibi "kız isteme" denilen bir şeyin günümüzde hâlâ var olabilmesi ve koca insanların böyle bir şey sanki çok normalmiş gibi davranması, bunu uygulaması, bana akıl almaz görünüyor. Gelenek, her zaman, görünür biçiminden çok daha derin bir düşünceyi ona uygulayanlara ve hatta uygulanmasını izleyenlere benimsetir; ve bizim "kız isteme", "gelin alma" gibi adetlerimiz, salt sözcük ile ifade olarak bile, kadını son derece küçük düşürücü, nesneleştirici bir anlayışı zihnimize yerleştirmiştir. Nitekim Sabahattin Ali'nin 1932'de Konya'da verdiği bir konferansta söyledikleri, kullandığımız sözcüklerin bizi farkında olmadan nasıl şekillendirdiğini o dönemde görmüş olduğunu gösteriyor:

> Kadın bir erkeğe varmaz, kadın bir erkeğe verilmez ve bir erkek bir kızı almaz, (almak-vermek) bu tabirler kadını kıymetten düşüren, ona ahkar (en hakir) mahiyeti veren şeylerdir ve her şeyden evvel bu zihniyeti kadınlarımız kafalarından çıkarmalıdır; bilmelidirler ki iki cins birbiriyle hayatlarını birleştirirken yuvaya getirdikleri aynı kıymette şeylerdir ve koca mal sahibi değil, ortak, hayat ortağı demektir. Bu hukuk müsavatı kadınlarımızın şuurunda yer ettikten sonra onların kuvvetli ve hakiki bir insan olmak için dimağı ve fikri sahada da yükselmek isteyecekleri de tabiidir.
>
> **Memleketimizin kadın ve erkeklerini, biri diğerini sürükleyen ve taşıyan değil, el ele ve aynı tempoda yürüyen iki mahluk olarak göreceğimiz günün uzak olmamasını dilerim.**[22]

---

[21] Bir arkadaşımın nüfus kağıdında, "medenî durum" hanesinde "bekar" değil, "bakire" yazıyordu.

[22] *Çakıcı'nın İlk Kurşunu*, Yapı Kredi Yayınları, 2004, "Kadınlar Üzerine

Düğünün vuku bulması, düğün masraflarının damat ve/veya damadın ailesi tarafından karşılanması, gelinin ailesinin, kızlarının bedeninin bir başka ailenin malı olmasına daha kolay rıza göstermesi için icat edilmiş bir tür tazminatın artık toplumsallaşmış biçimidir. Kızlarının düğünsüz evlenmesine razı olamayacağını söyleyen ailenin aslında razı olamadığı şey, aile bunun farkında olmasa da, kızın bedenini karşılığında bir bedel ödenmeksizin teslim etmektir. Düğün için ne kadar masraf edilirse, çaba harcanırsa gelinin sözde o kadar onurlandırıldığının düşünülmesi aslında gelinin onurlandırılmasıyla değil, beden karşılığında verilen tazminatın yüksek olduğunun hissedilmesiyle, ailenin, kızlarının bedeninin artık bir başka ailenin malı olması kadar acı bir durumu kabullenebilmesi için verilen tesellinin yüksek tutulmasıyla ilgilidir. Bu, tabii ki, düğünden önce kızın ailesi tarafından istenen şeylerde de böyle. Kızın ailesi, küçük düşürücü olarak algıladıkları, ama kızları kız olduğu için kabul etmek zorunda oldukları bu durumu, gururlarının son kırıntısını artık daha çok ezdirmemek, başlarını biraz olsun dik tutar hissedebilmek için, çiftin yatak odası takımını alarak dengelemeye çalışır. Gelinin ailesinin aldığı şeyin yatak ve yatak odası takımı olması, tabii ki tesadüf değil.

1955 doğumlu bir kadın, bana kendisi evlendikten sonra annesinin bir hafta hasta yattığını, annesinin hasta yatmasının sadece kendisinin evden gitmesinden değil, bir erkekle sevişecek olmasından da kaynaklandığını söylemişti. Annesine hak vererek, "Bu, bir ailenin çok ağırına gidecek bir şeydir." diyordu, "çok" ve "ağır"ın üzerine basa basa. Bir kadının bir erkekle cinsel anlamda beraber olmasını, kadının ailesinin kabul etmeye mecbur kaldığı, ama kadının ailesi açısından çok gurur kırıcı bir olay olarak görüyordu. Ülkemizde çok yaygın olan bu bakış, tabii ki, aslında kadını cinselliğin nesnesi olarak görmekten, cinselliğin kadın için aşağılayıcı, onur kırıcı

Bir Konferans" başlıklı bölümden, s. 118

olduğunu düşünmekten kaynaklanıyor. Zaten kadını cinselliğin nesnesi olarak görmeseydik, "kız isteme", "gelin alma" gibi adetlerimiz olmaz, evlilik törenleri de bu şekilde düzenlenmezdi. Nikahlı veya nikahsız olarak gerçekleşen cinsel eylemde aslında vuku bulan şey aynı olmasına rağmen, nikahın, düğünün, bu ailelerin içini rahatlatması, çok incinen gururlarının bu şekilde nispeten teselli edilmesine dayanıyor. Çünkü toplum, ailelere, kızlarının bedenini bir erkeğe teslim etmeye razı gelmenin tesellisinin bu olduğunu söylüyor. Takılan altınlar, insanlar tarafından icat edilmiş düzinelerce saçma adet, hep bu teselli ile alakalı.

İngilizlerin En Pahalı Eğlencesi: Kraliyet Ailesi

Kraliyet ailesinin, İngiliz halkının en pahalı eğlencesi olduğunu düşünüyorum.[23] Kral yahut kraliçenin iktidarı, büyük ölçüde, hatta neredeyse her zaman semboliktir; nitekim kral/kraliçe ve diğer kraliyet ailesi üyeleri *oy dahi veremezler*. Sembolik olan "taç" ve "taç giyme töreni"ni, İngiliz halkının, ve İngiliz halkı üzerinden dünyanın, eğlenmek için sahneye bir kral ve/veya kraliçe çıkarması olarak görüyorum çok kez. Sahneye bir soytarı çıkarıp eğlenmekle sahneye sembolik bir kraliçe çıkarıp ona taç giydirme arasında çok fark yok gibi geliyor bana. Kraliyet ailesinin yaşadığı göz kamaştırıcı hayat, biz o göz kamaştırıcı hayatı seyredelim diye var en çok. Bu, kendilerine ait bir hayat değil; daha çok, bizim. İngiliz halkı o göz kamaştırıcı hayatın bütün parasını ödeyerek o hayata sahip olmuştur; şimdi, taç giyme töreninde giyilen elbisenin bütün detaylarından törene kimin davet edildiğine kadar her şeyi, oturduğu yerden keyfince izleme ve konuşma lüksü halkındır.[24]

---

[23] Bu, tabii ki, başka ülkelerdeki başka krallıklar için de geçerli. Ama en "göz önünde olan" sembolik kraliyet ailesi İngiliz kraliyet ailesi olduğu için onları örnek vereceğim.

[24] Bu konuda farklı yorumlar ve yaklaşımlar olduğunu biliyorum ama

Evet, kraliçe taç giyme töreninde Kilise'de kutsal yağ ile meshedilmiş, bu sayede hükümete de değil, direkt Tanrı'ya bağlı ve yalnızca ona hesap verir konumuna yükselmiştir; ama bu da, kraliçenin ve onun üzerinden kraliyet ailesinin hayatının halkın olması lüksüne ait olarak düşünülmeli. Kraliçe tanrısal, halktan uzak, korunaklı, "herkesten yukarıda" olmak durumundadır; zira böyle olmasaydı onu kraliçe gibi görerek seyretmek istediğimiz hayatın şaşaasına kendimiz de inanmazdık ve bu görkemli hayatı seyir bu kadar heyecan verici olmazdı. Woody Allen'ın "Beni üye olarak kabul edecek kulübe üye olmazdım." esprisindeki psikoloji doğrultusunda işlev görür kraliçenin varlığı.

Diğer yandan, kraliçe "kutsal" (sacred) hâle getirilerek halkı için kurban edilmiştir; bu da yine, -sünnet ve düğün törenlerindeki kurbanlar gibi- kraliçenin tercihinin dışında gelişmiştir. Yani bütün törenler gibi, taç giyme töreni de bir kurban törenidir.

Milan Kundera *Yavaşlık* romanında "İngiltere Prensi Charles'ın hiçbir iktidarı, hiçbir özgürlüğü yok, ama uçsuz bucaksız ünü var: Ne balta girmemiş bir ormanda, ne de on yedinci yeraltı katındaki bir sığınağa gizlenmiş banyo teknesinde kendisini izleyen ve tanıyan gözlerden kaçabilir." diyor; "Ün onun bütün özgürlüğünü gövdeye indirmiş ve şu anda şunu öğrenmiş bulunuyor: Günümüzde, ancak tam anlamıyla bilinçsiz insanlar ün tenekesini peşlerinde sürüklemeyi gönüllü olarak kabul edebilirler."[25]

Milan Kundera, ünle ilgili şunları söylüyor:

> Ünün niteliğinin değişmiş olmasının herhalde birkaç ayrıcalıklıdan başkasını pek ırgalamadığını söyleyebilirsiniz.

---

benim kraliyet ailesine bakışım, en azından kraliyet ailesinin yaşayışı, görünürlüğü ve görünmezliği ile halk arasındaki ilişkinin bugün geldiği noktaya bakılırsa, böyle.

[25] Can Yayınları, 1995, (Original isim: *La Lenteur*), Fransızca aslından çeviren: Özdemir İnce, 2010, s. 41

> Ama yanılıyorsunuz. Çünkü ün yalnızca ünlü insanlarla değil, herkesle ilgilidir. Günümüzde, ünlü insanlar dergi sayfalarında, televizyon ekranlarında boy gösteriyorlar, herkesin imgelemini istila ediyorlar. Ve herkes, ancak düşlerinde bile olsa, böylesine bir ünün (meyhanelere giden Kral Vadav'ın ününün değil, on yedinci yeraltı katındaki banyo teknesine gizlenmiş olan Prens Charles'ın ününün) nesnesi olabilmeye can atıyor, akılları fikirleri böyle bir olasılıkta. Bu olasılık herkesi bir gölge gibi izliyor ve hayatın niteliğini değiştiriyor; çünkü (ve bu varoluş matematiğinin çok iyi bilinen bir başka tanımıdır) canlı varlığın eline geçen her olanak, en az olası olanı bile, varlığı tepeden tırnağa değiştirir.[26]

Kraliçeyi sahneye çıkartıp eğlenmekle bir gelini yahut sünnet çocuğunu sahneye çıkarıp eğlenmek arasında çok fark olmadığını düşünüyorum. Bu durumların her birinde sahneye çıkan, halkı eğlendirmek için sahneye çıkan soytarı işlevini görüyor; nitekim bu insanların her birinin, normal bir günde kimsenin giyemeyeceği "soytarı" kıyafeti giymesinin de nedeni bu. Soytarı kıyafeti zaten, herkes onlara baksın diye giydirilmiştir üzerlerine. Milan Kundera'nın üne ve Prens Charles'a dair söylediği her şey, sünnet çocuğuyla gelin için de geçerli. Gelinlik giyerek bir düğünde o mekânın merkezi olmayı istemek, bir günlüğüne sembolik kraliçe, bir günlüğüne ünlü olmayı istemektir. Fakat, toplum hiç kimseye durduk yere "Oğlum, sen bugünlüğüne kralsın,", "Kızım, sen bugünlüğüne kraliçesin," demez; toplum, bir günlüğüne kral olmaya özendirdiği çocuktan da, bir günlüğüne kraliçe olmaya özendirdiği gelinden de, bu gündelik tiyatronun karşılığını fazla fazla alacak olmasa, zaten en baştan böyle davranmaz.

Ünün yalnızca ünlü insanlarla değil, herkesle ilgili olması, düğünün yalnızca çocukla/gelinle/damatla değil, herkesle

[26] A.g.e.

ilgili olması durumundan farksız. Her birimiz, şimdi bizden uzaklarda bir yerde vuku bulan bir törenin parçasıyız ve hayatımızı da o törenin bir parçası olarak sürdürüyoruz.

Kına Geceleri Bekaret Bozma Törenlerinin Devamı mı?

Tanrılara kurban edilen çocuklara, genç kızlara, prens yahut prenses muamelesi yapılırdı. Bu çocuklar (yahut genç kızlar) tanrılara kurban edilmeden önce en güzel yiyeceklerle beslenir, üzerlerine en güzel kıyafetler giydirilir, adak töreninde törenin merkezi, kralı/kraliçesi olurlardı. Bizim bugün kanıksadığımız toplumsal törenlerin her biri, bu kurban etme mekanizmasının devamıdır. Sünnet töreninde sünnet derisinin, düğünde bekaretin kurban edilmesi, hep, toplumun cinsellik ve cinsiyet tanımlarını pekiştirecek biçimlerde yapılmaktadır. Asıl kurban edilen, reeldeki temsillerinden çok daha büyüktür.

"Kına", kurban etmenin, kurban etmek için kan akıtmanın simgesidir. Kurban edilecek koyunlara, kurban edileceklerini vurgulamak için, kına yakılır. Benzer şekilde Anadolu'da da, savaşa gönderilen gençlere onları vatana kurban ettiklerini söylemenin bir simgesi olarak aileleri yola çıkmadan önce kına yakarlarmış. Simone de Beauvoir, toplumdaki kadınların bir araya gelerek gerçekleştirdiği bekaret bozma törenlerinden bahseder. Kadınların ortasında yapılan bu "bekaret bozma işi"yle görevlendirilen kadın, ne kadar çok kanın akmasına vesile olursa o kadar çok para alıyormuş. Beauvoir, bu törenlerden birinde, bekaret bozma işini yapan kadının, gelinin rahmini yırttığına şahit olduğunu söyler.

Mısırlı yazar Ahdaf Soueif'in, *Aisha* (Ayşe, 1983) romanında, geleneksel düğünlere bir örnek vardır. Dışarıda düğün devam ederken, gelin boş bir kulübeye davet edilir. Sonra kadınlardan biri kıza korkmamasını, sakin olmasını ve iç çamaşırını çıkarıp yere uzanmasını, bacaklarını açmasını, ne kadar sakin olursa bunun onun için o kadar kolay olacağını söyler. Gelin gibi, henüz çocuk olan damat da oradadır ve orta parmağına bez bir bandaj geçirilmiştir. Kızı zorla yatırırlar, kollarından, bacaklarından tutarlar, ve damat çocuğa bandaja sarılı parmağını kızın içine sokmasını söylerler. Bu arada dışarıdan "Neden bu kadar uzun sürdü? Yoksa bir sorun mu var!" gibi öfkeli sesler gelmektedir. "Kızı korkutuyorsunuz! Korkarsa kanın miktarı az olur!" diye bağırmaktadır kızın halası. Damat çocuğun bandaja sarılı parmağı, gelinin içinden kırmızı kana boyanmış olarak çıkar. Damadın babası, bu kırmızı bandajı "Kızımız onurlu çıktı! Kızımız onurlu çıktı!" diyerek başının etrafına dolar ve o böyle bağırırken silahlar patlar.[27] Kırmızı ve bu yüzden kutsal bandaj, kesilerek dağıtılmaktadır. Düğün için toplanan halk, hep birlikte, bandajın kırmızı olmasını kutlamaktadır. Kına, akıtılan kanın simgesidir; kurban edilen kişinin onurlu bir şey için kan akıttığı düşüncesini vurgular.

Sadece kadınların bir araya geldiği kına gecelerinin, bekaret bozma törenlerinin devamı olduğunu düşünüyorum. Kına gecelerinde kına yakılan yer gelinin eli olsa da, burada el sadece temsilî bana kalırsa. Kına gecelerine erkeklerin alınmamasını ve kına etrafında böyle bir tören düzenlenmesini başka türlü açıklayamayız. Hatta Doğu'da, "kınası yakılmış kız"ın artık özgürce hareket edemeyeceğine, kızın eline kına yakılmasının, erkeğin değil ama kızın hayatında önemli bir evre olduğuna dair bir anlayış ve bu anlayış etrafında kimi söyleyişler hakim. Bekaret bozma törenlerini günümüzde insanlar tiksintiyle dinler, ama kına gecelerinde kadınların toplanıp gelinin eli temsilinde aslında başka bir yerine kına yakmayı olağan karşılarlar. Evlenme töreninde iki aileden insanların bir araya gelip gelin ve damadı aslında kendilerinin de içlerinde olacağı bir odaya uğurlamayı olağan karşıladıkları gibi. Bugün nikahların yahut düğünlerin, amaçlarını örtülü biçimler altında

27 Ben bunu, Doğu'da, evlendikleri gece çiftin, kapılarında beklemekle görevli kimseye kanlı bir bez yahut havlu teslim etmesinden sonra atılan üç çift silahın, herkese "kızın onurlu", "konsümasyonun tamam" olduğunu duyurmasına benzetiyorum. Hem ülkemizin hem dünyanın dört tarafı benzeri usullerle dolu.

gizlemesi, o amaç için yapıldıkları ve aslında her detayın hâlâ o amaca hizmet ettiği gerçeğini değiştirmiyor.

Ayrıntı Akademi'de düğünlerden bahsettiğimde dostum Soner Bastiat, "Düğün, iki insanın yeni bir hayata başladıkları için verdiği parti olamaz mı?" diye sormuştu. Evet, Soner'in söylediği gibi, gelin ve damat bu partiye *ev sahipliği* ediyor, gelen misafirleri kapıda karşılıyor, onları aktif şekilde ağırlıyor, giderken uğurluyor, devleti yahut dini temsil eden bir görevlinin karşısında el pençe divan durmuyor, yani bu partinin herhangi bir anında o partinin öznesi değil, nesnesi konumuna düşmüyorlarsa, olabilir tabii. Ama gelin ve damadın sonradan, orkestra eşliğinde salona girmesi, açık bir defter önünde edilgen vaziyette durması gibi detaylar, törenin nesnesi olduklarının açık göstergeleridir. Gelin ve damat tören alanına girerken çalınan parçaların yüce krallıkları, zaferleri hatırlatan *büyük* senfoniler olması dahi, gelin ve damadın o törenin ne kadar edilgen birer nesnesi, kuklası olduğunu gösterir aslında. Kilise törenleri de bu anlayışı resmediyor.

Camille Paglia ve Cinsel Eşitsizlik

"Genel kabul gören feminizmin ve feminist pratiklerin aykırı bulduğu bir feminist"[28] olarak tanımlanan, toplum ve kültür eleştirmeni Camille Paglia, *Cinsel Kimlikler: Nefertiti'den Emily Dickinson'a Sanat ve Çöküş* (*Sexual Personae: Art and Decadence from Nefertiti to Emily Dickinson*, 2001) isimli önemli kitabında cinselliğin, insanda doğal olanın ta kendisi olduğunu anlatıyor. "Doğaya karşı tutumumuzu açıklığa kavuşturmadıkça, cinsellik ve cinsiyeti anlamayı umamayız. Cinsellik doğanın bir alt kümesidir."[29] diyen Paglia, doğa anlaşılamadığı için cinselliğin de anlaşılamadığı görüşünde. Paglia'nın tanımında cinsellik, doğa ve kültürün iç çe geçti-

[28] Camille Paglia, *Cinsel Kimlikler: Nefertiti'den Emily Dickinson'a Sanat ve Çöküş*, Epos Yayınları, 2004, s. 1

[29] A.g.e., s. 13

ği buluşma noktası, insan ile doğa arasındaki temas, kesişme, insan bedeninin zihniyle bütünleşmesi. Doğa ile toplumun neden ve nasıl birbirine karşıt şekilde konumlandığını, yapay bir inşa olan toplumun doğanın gücü karşısındaki korunak olduğunu irdeleyen Paglia, feministlerin, cinsellik sorununu toplumsal uzlaşma nesnesine indirgedikleri için bu sorunu aşırı derecede basitleştirdikleri kanaatinde. "Batı kültüründe, sömürücü olmayan tek bir ilişki biçimi yoktur."[30] diyor; "Cinsel özgürlük, cinsel kurtuluş. Modern bir yanılsama. Bizler hiyerarşik hayvanlarız. Bir hiyerarşiyi süpürüp atın, yerini muhtemelen öncekinden daha zor katlanılır bir başkası alacaktır. Doğada hiyerarşiler vardır ve toplumda da birbirlerinin yerine geçebilen hiyerarşiler bulunur."[31] "Cinsellik, feminizmin kabul ettiğinden daha karanlık bir güçtür. Cinsellik konusunda çalışan davranışçı terapistler, suçluluktan arınmış, hatâsız bir cinselliğin mümkün olduğuna inanır. Ne var ki, cinsellik bütün kültürlerde tabularla kuşatılmıştır."[32]

Camille Paglia'dan birçok pasajı, doğanın kadını çok açıdan şanssız bir varoluşa hapsettiği şeklinde okuyorum. Bense nikahlardan bahsederken değindiğim ve daha önce çok yerde farklı veçheleriyle anlattığım cinsel eşitsizliği kabaca özetlemekle yetineceğim sadece.

"Erkek" sözcüğü, etimolojik olarak da "erk sahibi" anlamına geliyor. TDK "erk"i "bir işi yapabilme gücü, kudret, iktidar" olarak tanımlıyor ki buradaki "iktidar"ı "cinsel iktidar" olarak da düşünmek gerek. "Erkek"in anlamları arasında ayrıca "sert, kolay bükülmez" var.[33]

Cinsel ilişkinin müsavi olmamasını cinsel iktidarın tek tarafta olmasıyla yorumluyorum. Bunun da, Freud'un iddia etti-

30 A.g.e., s. 14

31 A.g.e., s. 15

32 A.g.e.

33 TD Kalıntıları için kaynak: http://www.tdk.gov.tr/index.php?option=com gts&arama=gts&guid=TDK.GTS.5c557fffbebe68.95814629, 2 Şubat 2019 tarihinde erişildiği şekliyle.

ği gibi penisin yahut herhangi bir organın tek cinste olmasıyla değil, ereksiyon kabiliyetinin tek tarafta bulunmasıyla ilgili olduğu düşünüyorum ve bu ikisi -yani penis sahibi olmak ve sertleşebilme yeteneği- arasında da mahiyet olarak çok kritik bir fark bulunduğu kanaatindeyim.[34] Bir erkek ölü bir kadına tecavüz edebilirken bir kadının ölü bir erkeğe hiçbir şey yapamayışı, cinsel iktidarın ne kadar tek taraflı, cinsel ilişkinin müsavilikten ne kadar uzak olduğunun bana göre en açık ispatı. Hatta öyle ki cinsel ilişki, bir tarafın iktidarını diğer tarafın iktidarsızlığı ile tecrübe ettiği, muktedir tarafın iktidarını, iktidarsız tarafın iktidarsızlığını en yoğun hâlde pekiştiren, izhar eden eylem. Öyle ki bir taraf sertleştikçe diğeri yumuşar; bir taraf nüfuz edebilir hâle geldikçe diğeri daha korunmasız, saldırıya daha açık hâle gelir.

Kar ve İnci'de Gece, konservatuvar öğrencisiyken ünlü bir bestekâr olan hocası Prof. Deniz İlter'le ilişkisinin yaş, statü gibi açılardan müsavi olmadığını söylerken (nitekim öğretmenin/üniversite hocasının öğrencisiyle ilişkisinin etik olmamasının temelinde de aynı sebep yatmaktadır) "Hem, cinselliğin kendisi de müsavi bir şey değildir ki. Onu bu hâliyle istiyor olmamız onun hiç de müsavi olmadığı gerçeğini değiştirmez." der. Temel travması reel ve sembolik baba-kız ilişkilerinde yatan ve reel babasının yokluğunu en derin yarası zanneden Gece, öğretmen ve öğrenci ilişkisindeki hiyerarşiyi arzu nesnesine dönüştürerek hocasıyla ilişkisini savunur ve cinsellik müsavi bir şey olsaydı onu zaten arzuluyor olmayacağımızı, erkek için de kadın için de hazzın temelinde bu eşitsizliğin yattığını iddia eder: "En etkin göründüğü zamanlarda bile ancak ettirgen olabilen bir gerçeği var kadın bedeninin; edilgen ve ettirgen arasında ne kadar mesafe olduğu ise tartışılır. Kadının hiçbir canlıyla o canlı ona fiziksel karşılık vermediği

---

[34] Freud'un penise dair söyledikleri aslında sembolik açıdan (ve sadece sembolik açıdan) doğruydu. Cinsel iktidarı başka her alanda ve anlamda iktidarla birlikte düşünmekte fayda var.

hâlde birleşememesi, en su götürmez kanıtı bunun."[35] Gece, kadın bedeninin savunmasız olmasının, erkeğinkinin aksine ilişkiyle değişmesinin ve penetrasyonun da tek taraflı olmasının erkeğe cinsel ilişki ve sonrasında sorumluluk yüklediğini de dolaylı olarak söylemektedir ki romanın çatısı da zaten bu sorunsal üzerine kurulu.

Kadınların, hayatlarındaki pastanın tamamını erkeğe adarken erkeğin bu pastanın yalnızca bir bölümünü eşlerine yahut ailelerine ayırması, her toplumda ve her kesimde sık rastladığımız, kimilerinin biyolojik olduğunu iddia ettiği bir eğilim. Bu durumu kadın ve erkek bedeni ile cinsel gerçeklik üzerinden de yorumlamak mümkün. Gece'nin kimi açıklamalarını ve psikiyatri servisinde yatarken hocasıyla ilişkisini sayıklama hâlinde anlattığı bölümleri aynı anda hem reel hem cinsel hem sembolik düzlemlerde okuyabilirsek, belki ne demek istediğim biraz daha açıklık kazanabilir:

> Kadınlar çiçekler gibi açılırlar; sonra çiçekler gibi kapanırlar yeniden. Erkeklerse hep kapalı. Deniz anaları gibi açılıp kapanarak hareket ettiklerinden hem değişken hem de kindar görünmeleri kadınların. Erkeklerse hep kendileri. Ne veriyorlar ne de alıyorlar gerçekte. Ayçiçeklerinin güneşe dönüp durduğu gibi Deniz'e döndüğüm doğru. Bana öyle bakmıştı ki imkânsızdı bir karşılık vermemem. Kuşkusuz çok sevmişti beni: O beni bu kadar sevmese onu sevmek aklımın ucundan geçmezdi çünkü. Ama o erkek gibi seviyordu, bense kadın gibi seviyordum severken. Erkekle kadının birleşmesi bu yüzden bu kadar muhteşemken böyle problemli. En ahenkli olduğu durumlarda bile değişmiyor bu. Kadın kendisini bütün dünyaya kapatarak tek kişiye açıyor; ama erkek aynı kadın üzerinden bütün dünyayı istemeye devam ediyor aynı anda. Bütün erkekler aynı değil aslında, doğru; ama bütün erkeklikler ve kadın-

[35] *Kar ve İnci*, Ayrıntı Yayınları, 2016, s. 148

lıklar aynı. Hep aynı kadını seven erkekler bile severken aynı.[36]

...

"Kız ayçiçekleri gibi adama dönüyordu. Adam ne tarafa dönse ona dönüyordu, onunla beraber dönüyordu; gözü ondan başka hiçbir şey görmüyordu."

"Kadınlar çiçekler gibi kapanıyorlardı, kadınlar çiçekler gibi açılıyorlardı. Kız dünyanın gerisine kapalıydı, bir tek adama açılıyordu. Adamı görür görmez, hatta görmeden, sadece ona açılıyordu. Kız adama hep açıktı, her an hazırdı; adam kıza dönünce birden yaşamaya başlıyordu, yaşadığını her hücresinde duyuyordu. Adam kıza dönüp de varlığını kızın ona açılmış bütün varlığıyla bakan gözlerinden içeri doldurunca bilmediği dünyalar kızın oluyordu. Kızın varlığı açıktı; adam bütündü. Adam bütün olan varlığıyla kıza döner, bu varlığı kıza duyurur ve sonra bütün varlığıyla kızdan çekilir, kendisine dönerdi. Kız kendi varlığını adamın ona duyurduğu varlığı ile algılardı; kendi varlığı sadece onunla vardı. Vücudu adamın vücudunun şeklini alıyordu. Adam kızın bedenini terk ettiğinde vücudu kızın vücudunu unutuyordu, kızın vücudu adamın vücudunu unutmuyordu, onun şeklini taşımaya devam ediyordu. Adamın vücudu hep kendisi olarak kalıyordu, kızın vücudu ona hiç etki etmiyordu. Halbuki adam kızın vücudunu terk ettiğinde varlığının izlerini kızın varlığında bırakıyor ve kız artık eski varlığı olmaktan çıkıyordu."

"'Seni bırakıp gitmeme takılma; her gittiğimde geri döneceğim.' dedi adam. 'Dalgaların kıyıya döndüğü gibi geri döneceğim, kartalların yuvalarına döndüğü gibi geri döneceğim, gözlerin uykuya döndüğü gibi geri döneceğim, sarıların yeşillere döndüğü gibi, insanın toprağa döndüğü gibi, oturmaların kalkmalara döndüğü gibi geri

36 A.g.e., s. 155

döneceğim, sana anılar gibi, eski alışkanlıklar, sebepli sebepsiz hüzünlenmeler, sabahlar gibi döneceğim. Sen beni beklediğin müddetçe geri döneceğim. Sen bana bir kez döndün; bana dönük kaldığın müddetçe ben sana sonsuza dek defaatle ve defaatle döneceğim. Her gittiğimde döneceğim, ne olursa olsun döneceğim ve her ayrılığın sonraki kavuşma için bir başlangıç olduğuna yemin ederim.'. 'Mümkün olsaydı hep seninle kalırdım, seni bir an bırakmazdım.' dedi; 'Şartlar ve mecburiyetler yüzünden gidiyorum.'. 'Gidiyorum ama seni her an zihnimde taşıyorum.' dedi; 'Baktığım her şeyde varsın. Gördüğüm her insanda varsın. Gitmeme takılma, çünkü bundan sonra hep seninle kalabilmeyi mümkün kılabilmek için gidiyorum. Başka türlüsü mümkün olmadığı için gidiyorum. Gitmekten acı duyarak ve yokluğunu her an iliklerimde duyarak gidiyorum.'.

"'Her çift düşer.' dedi kız, 'ama biz kütük gibi kalakalmayalım düşünce. Fidan gibi, boynumuzu tekrar kaldıralım. Dikilelim, eğilelim, kapaklanalım. Ama her inişte kalkalım. Her vakit düşelim, her vakit yeniden doğrulalım. '. 'Kütüklerin sağlam olduğu yalan.' dedi adam. 'Ben seni ezelden beri seviyor değilim; ben seni kendimi bildim bileli her an yeniden seviyorum. Seni sevmem her seferinde gençleşiyor.'. 'Seninle birleştiğimde inceliyorum.' dedi sonra ikisi birden."[37]

Damızlık Kızın Öyküsü Günümüz Gerçekliğini Anlatıyor

Margaret Atwood'un *Damızlık Kızın Öyküsü* romanı, her distopya gibi, günümüz gerçekliğini temsilî biçimlerde anlatıyor. Yakın gelecekte geçen bu distopyada, doğurgan kadınların sayısı ciddi şekilde azalmıştır ve insan nesli tükenme tehlikesiyle

---

37 A.g.e., s. 69-70

karşı karşıyadır. Dünyayı kurtarma gerekçesiyle devrim yapan totaliter bir rejim, doğurgan kadınları "damızlık kızlar"a dönüştürür. Damızlık kızların her biri, totaliter rejimin efendilerinden birinin damızlığıdır. Damızlık kızın efendisiyle cinsel birleşmesi, "seremoni" adı verilen törenle olur. Seremoninin gerçekleşeceği akşam, ev halkı evin salonunda bir araya gelir. Damızlık kız en önde, Tanrı'ya ve otoriteye boyun eğdiğini gösterir şekilde, bir minderin üstünde diz çöker. Evin aşçısı, şoförü, temizlikçisi; evde ne kadar çalışan varsa hepsi, damızlık kızın arkasında saf oluştururlar. Seremoniyi yöneten evin "efendi"si, ona bu yönetme işinde yardımcı olan da eşidir. Seremoni, Efendi'nin oradaki herkese Kutsal Kitap'tan bir parça okumasıyla başlar. Bu okumadan sonra damızlık kız yatak odasına Efendi ve onun eşiyle götürülecek olsa da, oradaki herkes yatak odasında olacakları bilmektedir ve olacakların bir parçasıdır. Aynı, evlenme törenlerinde olduğu gibi.

Damızlık Kızın Öyküsü'nün tamamen gerçek olduğunu, hatta bugünün gerçekliğini bugünkü gerçekliğin görünür biçimlerinden daha net sergilediğini, "seremoni"nin, günümüzdeki evlenme törenlerinden hiçbir farkı olmadığını düşünüyorum. İster beş on kişilik bir nikah, ister büyük bir düğün olsun, aslında yapılan, kutsal bir kitap, devletin otoritesini temsil eden yüce bir defter karşısında gelinin ataerkil otoriteye kurban edilmesi ve bu kurban etme eyleminin toplumdaki herkesle etkileşim içinde gerçekleştirilmesidir.

Romanda damızlık kızlar, damızlık olduklarını belli edecek ve onları kolaylıkla görünür kılacak şekilde, kırmızı elbiseler giyerler. Kırmızı, arzunun, cinselliğin, kanın, kurban edilmenin rengidir. "Kırmızı" bazen olumlu, bazen olumsuz anlamlara gelir; "kırmızı"ya yaklaşımımızın olumlu yahut olumsuz olmasını, cinselliğe yaklaşımımız belirler. Ben çocukken, "çocukların izlememesi gerektiği" iddia edilen cinsel içerikli yayınlara "kırmızı nokta" konurdu. "Kırmızı noktalı yayın" denince, sadece çocukların değil, o zamanlar Türkiye'deki çoğunluğun aklına, bakmamamız gereken, yasak, ama bir şekilde cinsel arzuyla ilişkili görüntüler gelirdi. *Damızlık Kızın Öyküsü*'nde damızlık kızların giydiği kırmızıyı "kırmızı noktalı yayın"lardaki kırmızıya benzetiyorum; cinsellikle ilgili, bu nedenle bakmamamız gereken, "sakıncalı", bakılmaması gereken bir şey olduğu için bakmayı, ona ilgi göstermeyi bastırdığımız, ama rengi de temsil ettiği şey (cinsellik) de güçlü ve aslında ilgimizi celbeden bir şey. Damızlık kızların bedeni uzun, bol, kırmızı bir elbiseyle örtülüdür, ama herkes bu bedenin nerede ne yaptığını, ne işe yaradığını bilir. Damızlık kız, efendisine aittir, ona fazla bakmamanız gerekir. Ghislaine Paris'in *Cinselliğin Önemi*'nde söylediği gibi, "Bastırmanın diğer klasik bir sonucu da bastırmanın baskıyı doğurmasıdır.", ve "Herhangi bir şeyin üstünü güçlü bir şekilde bir kapakla kapatır gibi örtmeye çalıştığımızda bu kapak ne kadar ağır olursa olsun o şeyin de tepkisi bizim uyguladığımız baskı oranında artacak, uyguladığımız güçle birlikte üzerimize gelecektir."[38]

Clarissa Pinkola Estés de, "Kırmızı, feda edilmenin, öfkenin, cinayetin, eziyet edilip öldürülmenin rengidir. Ancak kırmızı coşkulu hayatın, dinamik duyguların, canlılığın, eros'un ve arzunun da rengidir."[39] diyor, kırmızının cinselliği, doğumu, erotizmi temsil ettiğini söylüyor. Eski Türk toplumlarında, ve uzun zaman Osmanlı'da da, gelinlikler kırmızıydı. Hatta gelincik çiçeğine "gelincik" denmesi, kırmızı gelinliklerden ötürüdür. Bugün kırmızı gelinliği Kilise'den esinlenerek *beyaz* yapmamız, sözde masumiyetle birleştirilmiş beyaz gelinliğin altında hâlâ kırmızıyı sakladığı,[40] kurban edilmeyi temsil ettiği

[38] A.g.e., s. 60

[39] A.g.e., s. 120

[40] Gelinliğe bekareti simgeleyen "kırmızı kuşak" takılmasını bunun temsili olarak gösterebiliriz. Boğaziçi mezunu iki arkadaşım evlendiğinde, fotoğraflarını incelemiş ve ikisine de bazı sorular sormuştum. Arkadaşım, babasının o sabah beline neden kırmızı kuşak taktığını bilmediğini, bunu hiç düşünmediğini, sorgulamadığını söylemişti. Bunun üzerine eşine, arkadaşımın beline kırmızı kuşak takılmış şekilde onu evden almanın nasıl bir his olduğunu sormuştum. Eşi fizi-

gerçeğini değiştirmiyor. Bir nikahta/düğünde herkes, gelinin kimin vasıtasıyla ne şekilde kurban edileceğini bilir. Bu gerçeği hiç kimse dile getirmiyor bile olsa, tüm detaylar bu gerçeği zaten açıkça ifade etmektedir. Kırmızı, kurban edilmeyi idealize ettiğimiz zaman olumsuz anlama bürünmekte, cinsellik o zaman *yasak*, *sakıncalı* algılanmakta ve utançla birleşmektedir. Kurban edilmeyi idealize etmeyen toplumlarda, cinsellik yaşamı, var olmayı temsil eder ve akla utancı getirmez. Çerkez âdetlerini anlatırken değineceğim gibi, utanç, toplumun bireyi kontrol altında tutmasında çok işe yarayan bir unsur.

Damızlık Kızın Öyküsü'nde, damızlık kızlara artık eski isimleriyle seslenilmez. Hepsi, efendilerinin ismini alırlar. Kahraman "Offred", "Of Fred", yani "Fred'inki"dir. Yeni bir efendiye teslim edildiğinde onun ismini alacaktır. Damızlık kızların, orijinal isimlerini ve kimliklerini ise unutmaları gerekmektedir. Sanki, daha önce hiç var olmamışlardır. Bir kadının evlendiğinde, kendine ait bir ismi, kimliği yokmuş, hiç olmamış gibi, ismi o kadının kimliğinin önemli bir parçası değilmiş, kadın daha önce hiç kimseymiş gibi kocasının soyadını alması, bundan daha mı az korkunç?

Ayrıntı Akademi'de bir katılımcı, "Romanın dizisinde sadece kadınların kısır olabileceği kabul ediliyor. Erkeğin kısır olabileceğine dair bilimsel kanıtlar ortadayken bu çok çelişkili değil mi?" diye sormuştu. Bir çocuğun, genlerini babası kadar annesinden de aldığını, hatta çok şeyde annenin daha etkili olduğunu açık bir gerçek olarak biliyoruz. Erkek çocuğun zekasını tamamen annesinden, çocuğun iskelet genini her zaman annenin babasından aldığını biliyoruz. Bunun gibi bil-

ken birdenbire dikleşmiş, sesinde de aynı diklikle, "Onurdur. Gurur duydum!" diye cevap vermişti. Eğitim düzeyleri ne olursa olsun iki insanın ailenin ve toplumun basit müdahalesi gibi görünen yaptırımları karşısında böyle edilgen davranması, mahrem bir şeyi herkese gösterilecek "onur" vesilesi yapmakta sakınca görmemesi, istenen her şeye hem fiziken hem ruhen böyle izin vermesi, bana anlaşılmaz geliyor. Tüm dünyanın toplanıp size bir şeyin "onurlu" olduğunu söylemesi, o şeyi onurlu yapmaz.

diğimiz sayısız şeye rağmen, çocuk sadece babasının soyundan geliyormuş gibi babasının soyadını taşımasını hep birlikte olağan görmemiz, bundan daha mı az çelişkili?

Damızlık Kızın Öyküsü, çocuk doğurmanın kutsallaştırıldığı bir dünyayı anlatıyor. Geleneksel bakış açısı da çocuk doğurmayı kutsal ve evliliğin amacı olarak görüyor. Bir nikah memurunun nikahı kıyar kıymaz "Bu iki insanın mutlu olmasını, ama her şeyden önce, bu nikahın çocuklara vesile olmasını dilerim, zira en önemlisi budur." dediğini duymuştum.

Kuzu (Kutluğ Ataman) ve Çocuğu "Başkaları"na Kurban Etmek

Kutluğ Ataman'ın *Kuzu* (2014) filmi, "başkaları" düşüncesinin bu tip törenlerde asıl öncelikli kaygı olduğunu çok güzel bir şekilde gözler önüne seriyor. Filmde, oğluna böyle bir sünnet töreni yaptırmak isteyen annenin her şeyden çok istediği, kesilerek eti herkese dağıtılacak, yani aslında kurban edilecek bir kuzudur. Oğlunun sünneti vasıtasıyla bu kurban edilme töreni, aslında çocuk değil, (çocuk içinmiş süsü verilirken) "başkaları" için yapılmaktadır. Ataman olayları öyle bir şekilde kurgular ki, köy halkının kuzuyu yediği sahnede, çocuğun bedeninin kesilip pişirilmiş ve herkese dağıtılmış olduğunu, şimdi herkesin çiğnediğinin, sünnet çocuğunun kendisi olduğunu düşünürüz. Bu, sembolik olarak, doğrudur da. Ataman bu kurban üzerinden ayrıca, küçük bir çocukla aynı zekaya sahip olan, bize son derece iyicil duygularla arkadaşlık eden bir hayvanı kurban etmenin de aslında bir çocuğu kurban etmekten farksız olduğu fikrini ortaya atar.[41]

---

[41] Mevlevîlerin, prensip olarak hayvan kesmeyen, et yemeyen bir kolu vardı. Kimseyle polemiğe girmek istemedikleri için geride belge bırakmadıklarından, kurbana alternatif olarak ne yapmış olabileceklerini bilmiyoruz. Etoburluk, ataerkil kültürle yoğun şekilde içli dışlı bir gelenektir. Et yememenize saygı duymayan birinin, çocuğa ve kadına saygı duyması beklenemez. Eskiden hayvan kesmek zorunluydu, çünkü, örneğin dönemin Arabistan'ında ziraat çok zayıftı. Bugün

2003'te yayımlanan ilk romanım *Gizli Özne*'de, başkalarının yanında tuvalete girmeye utanan Bihter, herkesin içinde evlenme fikrini de bir türlü kabul edemez. Ancak nikah ve düğün üzerine tartıştıkları olasılıkların hiçbiri, Bihter'in utanma sorununu çözebilecek mahiyette değildir; çünkü nikaha ve düğüne dair bütün alternatifler zaten Bihter'in sorun olarak gördüğü şeyi geline dayatmak üzere bilhassa oraya konmuş, özellikle planlanmış şeylerdir. Kendisine çıkış yolu bulamayan Bihter, düğün fikrine razı olmaya mecbur kalır. Ancak kendisini bir gelinliğin içinde bulduğu düğün sabahı, olacakları daha fazla göze alamayarak evden kaçar. Üzerinde gelinlikle tek başına sokaklardan geçer, IETT durağında bekler, sonra, gelinliğinin uzun kuyruğu tozlu yerleri süpürerek, IETT otobüsüne biner. Herkes Bihter'e bakmaktadır; zira gelinlik zaten herkes ona ve içindekine baksın diyedir; ama bir insanın böyle gelinlikle tek başına IETT otobüsüne binmesine kimse anlam veremez. Yaşlı bir kadın, Bihter'e tiyatro oyuncusu mu olduğunu sorar.

IETT otobüsü sahnesinde, günlük realite ile kraliçelere özenilen gelinliğin ne kadar uzlaşmaz olduğunu göstermek istemiştim. Düğünün bir kadın için aslında ne kadar utanılacak ve küçük düşürücü bir şey olduğuna değinmemse, çok sayıda mektup almama neden oldu. Genç kadınlardan, hâlâ, düğünden küçük yaştan beri çok utandıklarını, her şeyin bu kadar normalize edilmesine akıl sır erdiremediklerini, ama bu utancın asıl nedenini ailelerine açıklayamadıklarını, hatta

---

ziraat, hayvanların kesilmesine gerek kalmayacak denli gelişmiştir. O dönemde Arabistan'da mecbur oldukları için koyunları kesiyorlar, ancak, sözgelimi atlara, atlar değerli olduğu için –mecbur kalmadıkça– dokunmuyorlardı. Bugünkü gibi, herkesi doyurmaya yetecek kadar bitki, meyve ve bakliyatları olsaydı, atlar gibi, koyunlara da el sürmeyeceklerdi. Bugün atların kesilmesini yadırgamamız ama koyunların kesilmesini olağan görmemiz, yüzyıllar öncesinin şartlarıyla ilişkilidir. Benzer şekilde, tabağımıza düşen bir sinekten tiksinirken aynı tabağın içinde kocaman bir biftekten tiksinmememizin, bize yerleştirilmiş algılarla ilgili olduğunu düşünüyorum.

bazen, bu yüzden evlenemediklerini, törensiz evlenme fikrini kimseye kabul ettiremediklerini söyleyen mesajlar, e-postalar alıyorum. Ailelerin, tören yoluyla kızlarını/gelinlerini kurban etme bilinçlerinin kızlarının ve/veya oğullarının mutluluğundan daha önemli olması, kanımı donduruyor. Törenin asıl amacına dair içgörü geliştirebilmiş kadınlarda aile baskısıyla törenin, çiftlerin cinsel hayatlarında kalıcı sorunlar yaşamalarına sebebiyet verdiğine maalesef çok kez tanık oldum. İnanmakta en çok güçlük çektiğim şey, ailelerin genç kadındaki korkunun, utanmanın şiddetini bilmelerine rağmen, genç kadını "başkaları"nın mutluluğu için kurban etmekteki cahilce ısrarıydı.

Her insanın içinde bir elit vardır ve insan içindeki elite seslenen şeylerle birlikte ve elit tarafıyla gelişir. "Başkaları" diye bir endişeniz olduğu zaman, o "başkası"nın ya da genel olarak "başkaları"nın seviyesinin, bütün gün dükkanının önündeki bir iskemlede oturup gelip geçeni seyreden bakkal Hasan Efendi ya da dedikodudan başka pek bir işi olmayan Ayşe Teyze olduğunu hatırlayın. Zira, kim ne derse desin, bu insanların öyle bilge bir tarafları falan yoktur; eğer olsaydı, zaten "Başkaları ne der?" diye sorarken kendisinden endişe ettiğimiz "başkası" olmazlardı. Onlardan bir şey öğrenebileceğiniz türde insanlar, "Başkaları ne der?"deki "başkaları"na dahil olmazlar. "Başkaları ne der?"e göre iş yaptığınız zaman, bakkal Hasan Efendi ve Ayşe Teyze'ye göre iş yapmış, hayatınızı onlara göre düzenlemiş olursunuz. Bu, kendinizin ve çocuğunuzun da kapasitesini aşağıya çekmektir, olabileceğiniz daha *iyi* insana sırtınızı dönmektir. Ayşe Teyze ve Hasan Efendi kendi içlerindeki elite dönebilmiş insanlar olsalardı, sizden çok daha başka dertleri olurdu. Burada anlatmaya çalıştığım seviye, onların sınıfında daha sık rastlansa da Ayşe Teyze ve Hasan Efendi'nin sosyo-ekonomik seviyesinden tamamen bağımsız bir seviye; bu Ayşe Teyzeler ve Hasan Efendiler karşınıza çok kez, para, mevki, şöhret sahibi insanlar olarak da çıkarlar. İnsanlar, doğdukları ve dışarıdan yaşadıkları değil, içlerindeki statüye uyum sağladıkları seviyededir.

Mesele kendi hayatınız ve çocuğunuzun hayatı olduğu zaman, kendi anne-babanız, kendi kardeşiniz bile Hasan Efendi ve Ayşe Teyze seviyesinde olmalıdır. Çünkü sizi, hayatınızı ya da çocuğunuzu eleştirmeye cüret eden biri zaten o seviyededir. Kendinize dair iş yaparken "başkaları"nı dikkate almak hem kendinizi aşağı çekmeniz, hem de başkaları altında ezilmeniz anlamına gelir. Doğmuş her canlıya göstermemiz gereken nezaket, birinin sınırlarımıza müdahale ettiği yerde mesafeye dönüşmeli.

Kuzu filminin bir köyde geçmesi, küçük yerlerde "başkaları" düşüncesi daha etkili yaşandığından, Kutluğ Ataman'ın anlatmaya çalıştığı şeyi daha net görebilmemize olanak tanıyor. Nitekim küçük yerlerin gelişmesini önleyen şey de "başkaları" düşüncesidir. Bu kısır döngü, küçük yerlerin çoğu zaman kültürel açıdan da küçük kalmasına, körü körüne bir "biz" düşüncesini güçlendirmesine neden olur. İnsanların, gerçekten övünebilecekleri bir şeyleri olmadığında ülke, ırk, milliyet, futbol takımı gibi sahte aidiyetleri idealize ettiği doğrudur, ki böyle aidiyetlerin idealizasyonu, tekrarın yenilenme olmaksızın devam etmesi ve çocuğun sembolik ölümüyle eşdeğerdir.

Bir insanın çocuğa saygı gösterebilme kapasitesi ile bu tip törenlere verdiği önem ve değer, her zaman ters orantılıdır. Şaşmaz bir denklem daha var. Aile, çocuklarının ne zaman, ne şekilde, nasıl evleneceği konusunda ne kadar söz hakkı olduğuna inanıyorsa, nikah gerçekleştikten sonra da yeni çiftin aile hayatına müdahale hakkını o kadar kendinde görür. Bu müdahaleye, söz konusu kişilerin tercihlerini, kişiliklerini eleştirme ve değiştirmeye çalışma hakkını kendinde görme de dahildir. Sünnet, nikah gibi törenler, asla ve asla sadece tören değillerdir; toplumsal törenlerin her biri, kişilerin çocuğa ve kadına bakış açısını mükemmelen yansıtırlar. İster erkek ister kadın olun, bana eşiniz ve/veya eşinizin ailesi tarafından nasıl bir evlenme törenine zorlandığınızı, sırf onları memnun etmek için nelerden taviz vermiş, nelerden vazgeçmiş, nelere katlanmış olduğunuzu anlatın; size nasıl bir evlilik hayatınız olduğunu/olacağını anlatayım. Evlenme törenimiz, evliliğimize dair çok şeyin habercisidir.

Kurban etme sırası, çocuk, kadın ve erkek şeklinde gerçekleşir. Nitekim İslamî gelenek kurbanı ve kurban bayramı dışındaki zamanlarda hayvanı kadının kesmesinin uygun olmadığını söyleyerek tanrısal otorite ve toplumsal erk ile erkeği zihnimizde iç içe geçirmiştir. İbrahim'in İsmail'in boynuna bıçak dayaması, onu öldürmeye teşebbüs etmesi de aynı şekilde, zihnimizde Tanrı ile erkeği iç içe geçiren bir görüntü.

Müstehcen "Nezaket" ve Başka Kurban Biçimleri

Kız çocuklar ve genç kadınlar, aile ve toplum gücü karşısındaki edilgenlik sıralamasının en şanssız tarafında yer alırlar. Kurban edilmeyi öğrenmiş kadınların, kendilerinden başka kadınlara, özellikle de kendilerinden genç kadınlara kurban edilmeyi dayatması bu yüzdendir. Karadeniz'e, Trakya'ya, İç Anadolu'ya, Doğu Anadolu'ya gittiğimde, kültürel biçimler değişse de çocuğa ve kadına yaklaşımın aslında hiç değişmediğini görüyorum. Düğünlere ve evliliğe bakış açısı da kadına ve cinselliğe bakış açısının ne kadar vahim olduğunu doğruluyor.

Geçtiğimiz yaz, Çerkez adetlerini sürdüren bir toplulukla vakit geçirme imkânım oldu. Çerkezlerin düğünlerinde gelin ve damat olmuyor; gelin, gelin odası denen bir yerde, damat ise bir akrabasının yahut arkadaşının evinde, bulundukları yerden çıkmalarına izin verilmeyerek bekliyorlar. Düğünün gelin ve damat olmadan yapılması, düğünün zaten gelin ve damat değil, başkaları için yapıldığının, gelin ve damadın orada sadece birer detay, kimliksiz kuklalar olduğunun bir gelenekle de görünür hâle gelmiş biçimi sadece. Gelinin de damadın da bulundukları yerden çıkmalarına izin olmadığını bilmeleri, toplumun baskı ve kontrolünü onlara güçlü şekilde duyurması işlevi görüyor. Nitekim damadın, bir hafta boyunca o evden çıkıp gelinin yanına gitmesi yasak. Damadı gizlice kaçırıp gelinin yanına götürmenin de geleneğin bir parçası olduğunu söyleseler de, bu "gizlice kaçırma", yine, gelin ve damadın, toplumun baskı ve kontrolünü yatak odalarında da duyması işlevi görüyor. Gelin ve damatsanız, nikah gerçekleştiği hâlde konsümasyona izin verilmeme süresi ne kadar uzarsa, o toplumu yatak odasında ikinizin arasında hissetmeniz de o derece şiddetli olacak. Toplumun nikahla "Biz bunun bir önceki gece değil, bir sonraki gece değil, bu gece olmasını istiyoruz." dediği şey, Çerkezlerde gelin ve damada çok daha güçlü biçimde duyuruluyor. Nikah gerçekleştiği hâlde gelinin yanına gitmenizin izin dahilinde olmadığını içinizde duyduğunuz ve kabul ettiğiniz her an, size yukarıdan dayatılan gücü, baskıyı, kontrolü de içselleştirmenizi sağlıyor.

Çerkez geleneklerinde, kadın erkek herhangi birinin başka herhangi birinin yanına oturması, herhangi birinin başka herhangi biriyle konuşması, herhangi birinin başka herhangi birinin ismini söylemesi olağan olduğu hâlde, kişinin eşinin yanına oturması, eşiyle konuşması, eşinin ismini söylemesi "ayıp" kabul ediliyor. Örneğin Ahmet isminde oğlu olan bir kadın, eşinden bahsederken "Ahmet'in babası" diyor. Çerkezlere bu adetlerin nedenini sorduğunuzda, kendilerine öğretildiği gibi, "Saygı." diyor, sırf böyle söyledikleri için, böyle yapmalarının saygıyla herhangi bir ilgisi olabileceğine gerçekten de inanıyorlar. Halbuki dünyada herhangi birinin ismini söylemeniz ayıp değilse ama eşinizin isminizi söylemeniz ayıpsa, bunun tek nedeni, cinselliğin ayıp olması ve eşinin ismini söylememeye zorlanan kadın ya da erkeğin, eşinin ismini söylememek için çaba sarf ettiği her anda, cinselliği ayıplayan toplum otoritesini iliklerinde duyacak olmasıdır. Kendi adıma, ömrümde duyduğum onca yüz kızartıcı laf arasında "Ahmet'in babası" kadar müstehcen bulduğum bir tabir olmadı. "Ahmet'in babası" demek, "Kocamla sevişiyorum kocamla sevişiyorum kocamla sevişiyorum kocamla sevişiyorum kocamla sevişiyorum ve seviştiğim kişinin adını söyleyemem bunu yapamam bu çok ayıp çok saygısızlık olur seviştiğim kişinin adını söylemek çünkü sevişmek ayıptır" demek, cinselliğin ayıp olduğunu, böyle konuştuğunuzu duyan herkesin gözüne sokmaktır, onlara da bu ayıbı ihtar etmektir. Çocuk yahut yetişkin, birinin eşinin ismini söylememek için "Ahmet'in babası" diye konuştuğunu duyan herkesin cinsel anlamda istismar edildiğini düşünüyorum. Yanında bu şekilde konuştuğunuz çocuklara, cinselliğin doğal, sevginin normal olduğunu ne kadar anlatırsanız anlatın gerçekçi olmaz. Nitekim böyle bir toplumda yapılan şey de özetle, sevginin ifadesinin yasaklanmasıdır. Başkalarının yanında yan yana oturmaktan böyle bir toplum baskısıyla utandırılan çiftten, baş başa kaldıklarında da sorunsuzca yan yan oturmalarını bekleyemezsiniz.

Çerkezlerinki gibi âdetler, sünnet ve nikah törenlerinin dinle ilgisiz şekilde geliştiğinin ispatı. Nitekim hem dinî hem resmî nikahları olduğu hâlde düğünden önce birlikte olmalarına izin verilmeyen çiftler biliyorum. Dinî ve resmî nikahı ailelerin onayıyla gerçekleşmiş bir kıza babası, eşiyle düğünden önce, yani "kendi kafasına göre" birlikte olduğu takdirde onu hayatından sileceğini söylemiş, kızının eşiyle balayına gitmesine izin vermemişti. Kız düğünü kabul etmediği için ailelerin tepkisiyle karşılaşmış, eşi de onu destekleyen bağımsız bir duruş sergileyemeyince ayrılmıştı.

Dinî ve Millî Bayramlar

Dinle ilgisiz biçimlerde kutlandığı hâlde dinî duyguların toplumun kendi amaçları için sömürüldüğü şeylere, dinî bayramları da örnek verebiliriz. Çok küçük yaştan beri, yapay olduklarına inandığım için millî ve dinî bayramların hiçbirini kutlamıyorum. Bunların bana dayatılmasına da erken yaşta tavır aldığımdan, bayramların nasıl geçtiğine tanıklık etme şansı bulamıyorum pek. Ama bundan on yıl kadar önce, bir arife akşamı şahit olduğum şey hâlâ aklımdan çıkmıyor.

Evden fazla çıkmayan biri olduğum için, toplumsal olayların öncesini de yakından gözlemleyemiyorum. Ama arifeye denk gelen o akşam, yazdığım bir kitabı bitirmiştim ve kitabın çıktısını alabilmek için kağıda ihtiyacım vardı. Evden çıktığımda saat henüz akşam altı olmasına rağmen, bulunduğum şehirdeki kitapçıların ve kırtasiyelerin tamamı kapalıydı ve sokaklar daha önce hiç görmediğim şekilde kalabalıktı. Kıyafet satan dükkanların, şekercilerin nasıl hıncahınç dolu olduğunu hâlâ hayretle hatırlıyorum. İnsanlar bir şeyler alabilmek için adeta yarışıyor, ne yaptıklarını bilmez şekilde eşyalara, yiyeceklere saldırıyorlardı. Evet, bayramlarda yeni bir şey giymenin, hele bir çocuğa yeni bir şey giydirmenin, ikramda bulunmanın sünnet olduğu söylenir; ama bu şekilde tüketim kültürüne dönüştürülmüş bir şeyin, dünya üzerinde herhangi bir dinle, nasıl, nasıl ilgisi olabilir?

"Bayram kutlaması" dediğimiz şeyin orijinali de, muhakkak, bugünkü hâlinden çok farklıydı. Bayramlardan çok şikayet eden, üst üste birkaç kez "Bayramda çok yorulduk, çok iş yaptık; mahvolduk!" diyen bir genç kadın tanıyorum. Aynı kısa konuşma içinde bana bunu altı kez söylediğinde –birbiri ardına sıralanan bu cümleleri yedinci kez duymaya artık tahammül edemeyeceğim için– "O hâlde bayramı kutlamayın." diye karşılık verdim. Genç kadın bu sözüme, dinine küfretmişim gibi alındı. Bu sözün ağzımdan nasıl çıkmış olabileceğine de inanamayarak, "Nasıl yani? Olur mu hiç öyle şey!" dedi. İnandığı kısır döngü, bayramı muhakkak –bu şekilde– kutlamak, sonra da oturup şikayet etmek, "Çok yorulduk!" diye dert yanmaktı. Nitekim, bayramın muhakkak –ve bu şekilde– kutlanması gerektiğine inandığı için böyle dert yanıyor ve bayram kutlamayanlara, hatta bayramın kutlanmayabileceğini söyleyenlere tahammül edemiyordu. Ve bayram kutlamayan biri olduğum için, onun bu şikayetlerine şikayetler ne kadar mantıksız olursa olsun ve ne kadar uzun sürerse sürsün katlanmam gerektiğini düşünüyordu.

Aynı şey, düğünler ve ev işleri için de geçerli. İnsanların törensiz evlenme özgürlüğüne karşı çıkanlar, kendi evlilik törenlerinden de zevk almamış, o törendeki edilgen rollerini kabul etmiş insanlardır çoğunlukla. Kendilerine biçilmiş edilgenliği kabul etmenin acısını, şimdi –başta çocukları olmak üzere– başkalarından çıkarmaktadırlar.

Jean-Paul Sartre "Kendi özgürlüğümüzü hissettiğimiz oranda başkasının özgürlüğüne saygı duyarız; başkası bizden ne kadar çok şey beklerse, biz de başkasından o kadar çok şey bekleriz."[42] diyor. Sartre'ın anlattığı gibi, özgürlüğümüzü hissedebilmemiz, çevremizdekilerin özgürlüğüyle yakından ilişkili. Toplum, özgür olmadığına inandırıldığı için başkalarının da özgürlüğü kısıtlamak için elinden geleni yapıyor. Bize kasıtlı olarak dayatılmış o özgür olmadığımız düşüncesinin asılsız olduğunu ne derece fark edebilirsek domino etkisiyle birbirimizi de özgürleştireceğiz.

Annelik, Kadın Cinselliğinin En Açık İfadesidir

Bayram dahil bütün törenlerin anlamlarından kopartılmasını, çocuğun, anneliğin, babalığın öz anlamlarından kopartılmasından ayrı düşünemeyiz. Çocuk, anne ve baba, anlamlarından, kendi gerçekliklerinden kopartılıp çocuk öldürülmeseydi, anne ve baba Anne ve Baba'ya dönüştürülmeseydi, tanrı da Tanrı'ya dönüşmez, olması gereken yere, içimize ait kalabilirdi.

Çocuğu öldürmemiz ve tanrıyı Tanrı'ya dönüştürdüğümüz gibi anneyi Anne'ye, babayı Baba'ya dönüştürmemiz, kaçınılmaz şekilde cinsellikle de ilişkili bir durum. Seksolog Ghislaine Paris'in söylediği gibi, "Cinsellik hayatımıza

---

42 *Edebiyat Nedir*, 2005, Can Yayınları, Çev. Bertan Onaran, 2011, s. 57

devam etmemiz için üzerinde ilerlememiz gereken yaşamsal hattır. Cinsellik olmaksızın yaşayan ölülere döneriz."[43] ve çocuğu öldürmek, gerçek anlamda cinsellik ve gerçek anlamda yaşama hissi olmadan hayata devam etme çıkmazını oluşturuyor.

Ghislaine Paris, cinselliğin ve toplumsallığın her zaman birbirine bağlı olduğunu, sosyal yapının ve dolayısıyla ailevi yapının temelinin de cinsellik olduğunu anlatıyordu. Paris'in söylemlerini kendime göre birkaç açıdan yorumlamaya çalışacağım. Önce şunu vurgulamalıyım ki "Anne babanın gözünde kendiyle aynı cinsiyetteki çocuk ve karşı cinsiyetteki çocuk, bir çifti oluşturan karşıt cinsiyetlerdir. Bu bakış cinsiyetler arasındaki farkın ve kadın-erkek ilişkilerinin ilk temsillerini belirler."[44] Kız çocuğun ve erkek çocuğun cinselliğini ve dolayısıyla toplumsallığını baltalamaya maalesef küçük yaşta, kıza kız çocuk, erkek çocuğa erkek çocuk olarak zihnimizdeki şablonlarla muameleye başladığımızda başlıyoruz. Nitekim kız çocuğa ve erkek çocuğa rol biçme, bir toplumdaki çocukların ve bireylerin birbirleriyle nasıl ilişki kuracaklarını da kendiliğinden belirler. Çünkü "Cinsellik öteki olmayı, ötekini ve ötekinin farkını kabul etmektir."[45]

> Çünkü cinsellik, seksten çok daha fazlasıdır! Cinsellik, hazzın ötesinde, her bireyin kendi kültürel grubunun içinde kimliğini inşa etmesini, belli bir olgunluğa varmasını, ötekinin farkının bilincine varmasını ve bununla birlikte itkileriyle başa çıkabilmesini, eksikliklerini ve sınırlarını kabul etmesini sağlar. Sonuç olarak cinsellik hayatın kaynağıdır ve yetişkin olmamızla birlikte sevmenin ve sevilmenin en iyi şeklini temsil eder.[46]

[43] A.g.e., s. 100

[44] A.g.e., s. 32

[45] A.g.e., s. 69

[46] A.g.e., s. 193

> Cinsel olarak yetişkin olmak, varlığını ve ötekinin farklılığını tanımak için benmerkezli olan çocukluğun hükmü altından tamamen çıkmaktır. Bu aynı zamanda bağımlılığın aşırılığından, yani çocukluğa ait o duygusal yaralanma alanından da çıkmak demektir. Sonuç olarak bu dengeli, eşit, şikayetsiz, ne köle ne efendinin olduğu bir ilişki yaratma kapasitesine sahip olmak anlamına gelir.[47]

Paris'in burada söz ettiği türde yetişkin cinselliğine sahip olmak, toplumda ne kölenin ne efendinin olduğu bir ilişkiler ağı yaratmak, bağımsız bir kimlik edinmek, maalesef, nikahları bizimki gibi törenselleştiren ve bu törenselleştirmeye önem veren toplumlarda çok zor. Böyle bir yetişkin cinselliği edinebilseydik, çocukları küçük yaştan itibaren böyle sünnet ve nikah törenlerine hazırlayarak, yani onlara bu deli saçması törenleri çok normal şeylermiş gibi göstererek onlarda yanlış bir cinsellik içselleştirmeseydik, bu hain döngüyü kırabilirdik. Fakat biz böyle davranarak, ailedeki anne ve babanın cinselliğini de baştan örseliyoruz. Anne-babalığı ve cinselliği birbirine rakip gibi algılamamız, cinselliğe hatalı baktığımızın çok sayıda ispatından biri. Oysa Paris, anne-babalığı ve çift olmayı birbirinden ayırmanın çok yanlış olduğunu, iyi bir aile için çözümün "özellikle de anne baba olmaya, çiftler arasındaki cinsellikten daha yüksek bir değer biçen değerler hiyerarşisi yaratmaktan kaçınmak"[48] olduğunu söylüyor. Çünkü, "*Cinsellik ve anne babalık birbirlerine rakip değil, aksine birbirlerinin dostudur.*"[49] Eşinizin ismini başkalarının yanında söyleyemediğinizi, eşinizin yanına oturamadığınızı fark eden çocuk –ki çocuk bunları muhakkak fark edecektir– sonsuza kadar sakatlanmış bir çocuktur.

Anneliği ve cinselliği Meryem Ana örneğinde olduğu gibi birbirinden ayırmak, son derece yanlış bir tutum. Halbuki,

47 A.g.e., s. 75

48 A.g.e., s. 64

49 A.g.e., italik bana ait

"Bir kadın için bir bebek sahibi olmayı istemek onun cinselliğinin bir ifadesidir."[50] ve "Anne olmak kadının cinselliğinin mükemmel şekilde açığa vurulmuş hâlidir."[51] Anneliğinde problem olan bir kadının, cinselliğinde de problem vardır. Cinselliğinde problem olan bir kadının, kaçınılmaz olarak anneliğinde de problem olacağı gibi. Yetiştirme yurdunda büyümüş ve anne-baba sevgisini hiç tatmamış bir arkadaşım, ne cinsel arzu ne de oğluna karşı annelik hissi duyuyor; bu iki durumun birbirine bağlı olmadığını düşünmek çok zor. Nikah törenini normalize edebilen, çocuğundan böyle bir tören isteme hakkını kendinde gören kadının, cinselliği, cinselliğe bakışı da baştan yanlıştır.

Bir erkeğin "evlenilecek" ve "eğlenilecek" kadını birbirinden ayırması, cinselliğinin yanlış inşa edilmiş olduğunu gösterir. *Fildişi Kuyu*'da, toplumların zihninde yüzyıllarca "evdeki melek" denilen sadık, sessiz, uyumlu eş/anne figürüyle fahişe figürünün birbirine zıt konumlarda olduğunu anlattım. *Fildişi Kuyu*'da da anlattığım gibi, bundan yalnızca elli yıl önce, bir kadının cinsel arzuları olduğunu itiraf etmesi dahi skandal sayılıyordu ve bu itirafta bulunan kadın, keskin çizgilerle ayrılmış bu zıt kutuplardan "fahişe" tarafında olduğu gerekçesiyle toplumdan dışlanırdı -yani, kurban edilirdi-. İsmini hatırlayamadığım bir yazar (zannederim Balzac'tı), yatakta sizi mutlu edecek kadının, zannedildiğinin aksine, şuh kahkahalarla gülen, açık saçık espriler yapan değil, salonunda kibar kibar oturan hanımefendi kadın olduğunu söylüyordu ki bu, isteksiz eş/anne ile fahişeyi yüzyıllar boyunca karşı karşıya koymuş yerleşik algıyı altüst edecek bir yargıydı. Bugün bir kadının herkesin önünde Efendi'ye ve kitabına diz çöküp cinsel anlamda kurban edilmesini normal bulmamıza şaşmamak gerek.

İki yıl kadar önce, Türkiye'de yaşayan Pakistanlı bir erkek yüksek lisans öğrencisi bana Twitter'da şöyle yazmıştı: "Kadın,

50 A.g.e., s. 98

51 A.g.e., s. 64

anne olarak mükemmeldir. Ama eş/sevgili olarak hatalarla ve zaaflarla doludur. Kadına dair çıkmazın ve çelişkinin burada olduğunu düşünüyorum." Bu, kuşkusuz, gerçeği değil, bu öğrencinin kadınlara ve kadın cinselliğine karşı kendi kafasındaki çıkmaz ve çelişkiyi yansıtan bir ifade. Ve çok yazık ki kültürümüz bunca yıl sonra hâlâ, arzusuz anne gibi bir saçmalığı idealize ederek kendini çıkmaza sokan kadınlar ve erkeklerle dolu. Kendilerini çıkmaza soktukça, karşılarındaki insanı çıkmazda olmakla eleştiriyorlar.

Türkiye'nin ne tarafına gidersem gideyim, kadının salt cinsel bir varlık olarak algılandığını görüyorum. Bununla, kadının cinsel olarak arzulandığını kastetmiyorum tabii ki. Ama insan değil, her şeyden önce kadın olarak görüldüğünüz için, kadın cinsiyeti ve dolayısıyla cinselliği de zihinlerde ayıp bir şey olarak kodlandığı için, hiç tanımadığınız bakkallar, taksi şoförleri, çareyi size "abla", "bacı", "yenge" gibi sıfatlarla hitap etmekte buluyorlar. Bu, "Evet, kadınsın. Ama benden sana zarar gelmez. Seni kadın olarak arzulamıyorum. Hiç tanımadığımız, var olup olmadığını bile bilmediğimiz kocan, bizim ağbimiz; bu da seni arzulamamızı ve kendi nikahımıza almayı düşünebilmemizi imkânsız kılıyor." demek. Fakat kadını normal bir insan değil, salt cinsel bir varlık gibi gören bu bakış, kadın cinselliğini "sakıncalı kırmızı nokta" gibi algıladığımızı, bu cinselliği Ataerkil Tanrı'ya kurban edilmesi gereken bir şey zannettiğimizi gösteriyor.

Kadını böyle gören bir erkek, karısına karşı nasıl sağlıklı bir koca olabilir? Karısına karşı sağlıklı bir koca olamayan erkek, kızlarına ve oğullarına cinselliği yanlış aşılamamayı nasıl başarabilir? Nitekim maçoluk ve maçoluğa her tür meyil de bir erkeğin cinselliğinin yaralanmış olduğunun en açık göstergesi. Sağlıklı erkeğin neden kendi içindeki kadınla sağlıklı bağ kuran erkek olduğunu *Fildişi Kuyu*'da anlatıyorum. Dış'taki kadınlara saygı duyamayan kişi, erkek olsun kadın olsun, kendi içindeki kadın'a da saygı duyamaz ve onunla sağlıklı şekilde birleşemediği için kendi iç erkek'inden ve kadın'ından sağlıklı bir çocuğu, yani kendisini yaratamaz.

Bizde tabu olan, erkek cinselliği değil, kadın cinselliğidir; ancak erkek, kadın olmadan nasıl cinsellik yaşayabilir? Cinsellik, erkeğin kadına yaptığı bir şey değil, kadın ve erkeğin birlikte yarattığı bir şeydir ki birlikte yarattıkları şeyi de "çocuk" sembolize eder. Cinsellik, Michael Balint'in yaratıcı süreci anlatırken "yaratım alanı" (area of creation) diye tanımladığı alana benzer; iki kişiden ayrı, ama onların ortak olarak yarattıkları bir alandır. Yaratıcı sürecin "yaratıcı eser", yani "çocuk"la sonuçlanması gibi, cinsel eylemin de reel ve sembolik çocuklara gebe olma kapasitesi, eşdeğerdir.

Clarissa Pinkola Estés, bireyin ailesiyle uyuşmazlığına dair şöyle söylüyor:

> Sizin bütün istediğiniz sevgidir. Onların istediğiyse huzur.
>
> Ailenizin üyeleri kendi gerekçeleri nedeniyle (tercihleri, masumiyetleri, yaraları, bünyeleri, zihinsel hastalıkları ya da *eğitilmiş cehaletleri* nedeniyle) bilinçdışıyla ilişkilerinde kendiliğindenlik açısından o kadar iyi değildirler.
>
> ...
>
> Eğer ana babalar daima alınganlık gösteriyor ve çocukları da kendilerini sanki hiçbir zaman doğru bir şey yapmıyormuş gibi hissediyorlarsa, bu, aile içindeki vahşi zigotlarla ilgili güvenilir bir işarettir.
>
> ...
>
> Aileye tutarlılık isteyip istemediklerini sorun. Olumlu yanıt vereceklerdir. Her şeyde mi? Hayır, diyeceklerdir, sadece önemli olan şeylerde. Onların değer sistemlerinde önemli olan bu şeyler her ne olursa olsun, çoğu zaman kadınların vahşi doğaları için lanetlenmiş şeylerdir. Ne yazık

ki, onlar için "önemli olan şeyler" vahşi çocuk için "önemli olan şeyler"le birbirini tutmaz.[52]

Nazik Bir Kadın Kadar Kolay Kurban Yoktur

Tacize uğrayan çocukların yalan söylediği düşüncesi kısmen, bu çocukların yaygın şekilde, bir bebeği öldürdüklerini iddia etmelerinden, bu sözü reel algılayan hakimlerin ve dünyanın ona kanıt bulamamasından kaynaklanıyor. Halbuki istismar edilen çocuğun bu iddiası, ruhsal realitesinde gerçekten de bir bebek öldürülmüş gibi hissetmesinin sonucu. Dünyanın farklı yerlerinde farklı zamanlarda birbirleriyle ilişkisiz çocukların "bir bebeğin öldüğünü" söylemeleri, çocuğun sembolik ölümünün çocuk tarafından teyit edilen evrensel ispatı.

Clarissa Pinkola Estés, "Çocuklar için toplumsallaşma önemli bir şey olmakla birlikte, içerdeki *criatura*yı öldürmek, çocuğu öldürmektir. Batı Afrikalılar bir çocuğa sert davranmanın, onun ruhunun bedeninden geri çekilmesine neden olduğunu bilirler."[53] diyor. "Criatura", İspanyolcada, bebek, küçük çocuk, yaratık, yaratılmış şey, yaşayan canlı, yaşama gücü ve arzusu gibi anlamlara gelmektedir. Daha önce de, bebeklerin, *a vidacita*'yı, yani küçük içgüdüsel hayat gücünü temsil ettiğini, simgesel homunkulus, yani küçük hayat, insanlarda gömülü yatan tanrısal şeylerin simgesi, özgür benliğin küçük tıpkıbasımı olduklarını söylemiştim.

Çocuklara karşı bu kitap boyunca anlattığım baskının her türlüsü, kız çocuklarına karşı katbekat artarak uygulanır. Daha kötüsü, kız çocukları kız oldukları için, onlara uygulanan baskının baskı olduğunun da farkına varılmamasıdır. Bu baskı, "Kızlar bizim için çok değerlidir.", "Biz kızlarımızı çok severiz." gibi sevgi ve şefkat kisvelerinde daha da görünmez hâle gelir.

[52] s. 216-217, italik bana ait

[53] A.g.e., s. 217-218

Halbuki, "Biz kızlarımızı erkek çocuklarımızdan ayırt etmiyoruz." demek bile, ortada bir ayrımcılık olduğunun kanıtıdır. Aileler, ayrımcılıklarının farkında olmadan ayrımcılık yaparlar. Neden böyle davranıldıkları sorulduğunda "E, çünkü o kız." demeleri, ayrımcılık göstergesidir. Geleneksel bir kadın (ve erkek), kızına, kız kardeşine, kız yeğenine, gelinine bütün davranışlarının, hatta düşüncelerinin mealen "Sen kızsın sen kızsın sen kızsın sen kızsın" dediğinin farkında değildir. Çünkü kendi istismarını içselleştirmiş, hatta yüceltmiştir.

Kız çocuğuna çok daha şiddetli baskı uygulamamızdan daha kötüsü, kız çocuğunu, biz yahut bir başkası ona kötü davrandığında kendisini hiç koruyamayacağı şekilde eğitmemizdir. Kızlar, sessiz, uysal, uyumlu, her şart altında nazik olmak üzere eğitilir ve böyle oldukları sürece, böyle oldukları için ödüllendirilirler. Halbuki, "Baskıcı şartlar altında sadece nazik olmanın ödülü, çok daha fazla kötü muameleye maruz kalmaktan başka bir şey değildir.";[54] "Bir kadın ta bağırsaklarından bilir ki, çok uzun süre fazla-şirin olmanın, öldürücü bir yanı vardır."[55] "'Nazik olma'ya dönük bu ilk eğitim, kadınların sezgilerini umursamamalarına neden olur. Bu anlamda onlara bilerek yok ediciye boyun eğmeleri öğretilmiştir. Bir anne kurdun, yavrusuna öfkeli bir gelincik ya da sinsi bir çıngıraklı yılan karşısında 'nazik olma'yı öğrettiğini düşünün."[56] İşte bu yüzden, "Birçok kadın Mavisakal masalını harfi harfine yaşamıştır."[57]

Herkese her şart altında nazik olmayı, alttan almayı içselleştirmiş kadın kadar mağduriyete açık kimse yoktur; içinde biraz olsun istismar temayülü taşıyan herkes, kolay kurbanın kokusunu hemen alır. Nazik bir kadının nezaketinden dolayı çekmediği eziyet, görmediği kötülük kalmamıştır. Kızınızın

---

54 A.g.e., s. 102

55 A.g.e., s. 100

56 A.g.e., s. 64

57 A.g.e., s. 65

dönüp dolaşıp kendisini yine mağdur duruma sokmasını, her yerde ezildiği bir döngüden bir türlü kurtulamamasını, hep haksızlığa uğramasını, kendisini koruyamamasını istiyorsanız, ona hiç kimseyi incitmeme gerekliliğini aşılamanız yeterli.

Emma Donoghue'nün romanından uyarlanan *The Room* (*Gizli Dünya*, 2015) filminde on yedi yaşındaki genç kız, yanına kamyonetle yaklaşan adamın yardım isteğini reddedemeyince adam tarafından kaçırılır ve yedi yıl boyunca rehine olarak tutulur. Kurbanların, "nazik", yardım taleplerini geri çevirmekte zorlanan kimseler arasından seçilmesi tesadüf değildir. Genç kız kurtarıldığında annesine "Artık nazik olmayacağım." der; "Eğer senin 'Nazik ol!' diyen sesin kafamda olmasaydı, bunlar başıma gelmeyecekti." Nazik olması gerektiği kendisine baskı hâlinde dayatılan kadın, tehlikeyi sezdiği durumlarda bile karşı koymakta zorlanır, kendisini korumayı önceleyemez.

Kadınlar, ayak numaralarıyla, bedenleriyle, fikirleriyle, tecihleriyle uzayda ne kadar az yer kaplarlarsa bu o kadar makbul sayılmıştır. Erkekler kendilerine ait bir varoluş biçimi geliştirmeye, kendilerini savunmaya nispeten de olsa teşvik edilmiş, kadınlar ise büyümek isteyen her yerlerinden, daha o yer büyümeden, alayla, küçümsemeyle, cesaret kırıcı yaklaşımlarla, sindirme ve görmezden gelmelerle baltalanmışlardır.

Klinik psikolojinin şekillenmeye başladığı dönemlerde, kadınların merakına tamamen olumsuz bir anlam yüklenirken, aynı özellikteki erkeklere araştırmacı adı yakıştırılmıştır. Kadınların her işe burunlarını soktuğu söylenirken, erkeklere öğrenme heveslisi denmiştir. Aslında, kadının merakının sadece sıkıcı bir röntgencilikmiş gibi sıradanlaştırılması, kadının içgörüsünü, içedoğuşlarını, sezgilerini inkâr eder. Tüm duyuların yadsır. Onun en temel güçleri olan ayırt etme neden sonuç ilişkilerine dayanarak belirleme (determinizm) yetilerine saldırmaya çalışır.[58]

Clarissa Pinkola Estés'in şu sözleri, kadınların durumunu ne kadar, ne kadar doğru özetliyor:

"Kadınlar yirmili yaşlarına gelmeden önce bin kez ölmüşlerdir. Şu ya da bu yöne gitmiş ve engellenmişlerdir. Engellenmiş umutları ve düşleri de vardır. Aksini söyleyen biri, hâlâ uykudadır. Hepsi *descansos* [ölümü belirten bir simge] değirmeninde öğütülmüştür."[59]

Cinderella

Amerikalı psikoterapist Thom Hartmann, erkek çocukların, bir şey *yaptıklarında* ödüllendirildiğini söylüyor. Mesela bir iş kurduklarında, bina diktiklerinde, savaştıklarında, suçluları yakaladıklarında, para kazandıklarında. Hartmann, toplumda da erkeklerin, daha çok ne *yaptıklarıyla* tanımlandığını belirtiyor.[60] Kızlar ise, kim oldukları ya da kimmiş gibi algılandıklarıyla tanımlanıyorlar. Kızlar için "iyi", "güzel", "tatlı" gibi pasif sıfatlar inşa ediyor, sonra kızları, bu sıfatlara uygunluklarına göre ölçüp biçiyor, değerlendiriyoruz. Bir kadının kendi kendini yaratması, bir işte başarılı olması, kadınlar için olumlu olduğuna kanaat getirdiğimiz bu sıfatlara uygun düşmüyor.

Thom Hartmann, kızlarından birine *Cinderella* masalını okuduğu zaman yaşadığı şoktan bahseder. Eşi Louise'e daha sonra, kültürel bir deneyde aktif olarak rol almış ya da bir beyin yıkama seansı uygulamış gibi hissettiğini söylemiş. Ma-

---

58 A.g.e., s. 66

59 A.g.e., s. 400, bold bana ait.

60 *The Edison Gene: ADHD and the Gift of the Hunter Child*, Vermont: Park Street Press, 2003, s. 194-196. Hartmann, daha çok Amerikan kültüründen bahsediyor. Bizim kültürümüzde de işler, tabii ki bundan daha iç açıcı değil.

salın aslında ne anlattığına bakalım: Cinderella, masalda iyi, tatlı olarak tanımlanan genç kadındır. Uysaldır, itaatkârdır, şikayet etmez, otorite figürü kimse onun hizmetinde çalışır ve bir "hizmetçi" olarak (evet, yaptığı şey hizmetçiliktir ve bu, masalda iyi bir şey olarak lanse edilir!) son derece çalışkandır. Cinderella'nın kötü kalpli üvey annesi ve üvey ablaları ne isterse sorgulamadan, canla başla yapması, onlara hizmetçilik etmesi, "çalışkanlık" adı altında övülür.[61]

Cinderella'nın kendisine ait düşünceleri, eylemleri olmaması, "iyi", "tatlı" bir kız olarak tanımlanmasıyla iç içedir. Cinderalla'nın kötü kalpli üvey annesi ve iki üvey ablası ise kötüdür; çünkü, hayatta ne istediklerini bilmektedirler ve istedikleri şeyi edinmeye çalışmaktadırlar. Bu nedenle, "çirkin" (ugly) ve "hiç kimse tarafından istenmeyen" (undesirable) kadınlar olarak tasvir edilirler. Yani bir kadının değerini, dışarıdan biri tarafından istenip istenmemesi belirlemektedir.

"İyi", "tatlı" olmanın ödülü, özelliği güç ve zenginliğe sahip olması olan yakışıklı prens tarafından istenmektir. Bir başkası üzerinden güce ve zenginliğe sahip olma idealinin yanlış değerler aşılaması bir yana, burada olduğu gibi mutluluğunuzu sizin değil, bir başkasının kontrolünde olan bir şey olarak düşünmek kadar yıkıcı bir durum olmadığını tekrarlayalım. Üstelik, bu prens o kadar kendisiyle meşguldur ki, Cinderella'yla birkaç saat boyunca dans etmiş olmasına rağmen Cinderalla'nın yüzünün neye benzediğini bile hatırlamamaktadır. Fakat Cinderella, kendisini yüzünü hatırlayacak kadar bile önemsememiş bu adama sitem duymaz; ne de olsa o masaldaki "iyi", "tatlı", "uysal", asla şikayet etmeyen olumlu karakterdir.

Masallardaki kötü kalpli kraliçelerin, bu son derece iyi niyetli, tatlı mı tatlı prenseslerin evlendikten sonra böyle adamlarla yıllarca vakit geçirmenin sonucu olarak dönüştükleri kişi olduklarını düşünüyorum. Masalların prens ve prenses evlenince sona ermesi bence bundan (da) kaynaklanıyor. Pamuk

---

[61] bkz. A.g.e., s. 201

Prenses ve üvey annesi, aslında aynı kişi. Pamuk Prenses'in üvey annesinden tek farkı, henüz dünyanın kaç bucak olduğunu bilmemesi ve bu yüzden de her daim edilgen bir tavır almayı, kendisini isteyecek kişiyi beklemeyi, hayatını değiştirmek için hiçbir adım atmamayı, iyi bir şey zannetmesi. Her muameleyi kabul edecek hangi insana kötü şeyler yaşatmazlar, ve kendisine edilen eziyetleri şikayet etmeden alıp çekmesini öğrenen kişi sonunda nasıl delirmez yahut kahkahalar atan kötü kalpli kraliçeye dönüşmez? Nitekim delirmenin ve kahkahalar atan kötü kalpli kraliçeye dönüşmenin, birbirinden pek ayrılamayacak durumlar olduğunu düşünüyorum. Masallar aslında bize gerçeği anlatıyor. Ancak, tersinden.[62]

Annelerin çocuğun, özellikle de kızlarının benliğine çoğu kez, kırıp döken babalardan bile daha yıkıcı zararlar vermeleri, Cinderella idealine bir zamanlar körü körüne inanmış olmalarından kaynaklanmaktadır. Kız evlat, kız yeğen, kız torun, abla, kız kardeş, potansiyel anne, anne olarak kadının sonsuz fedakarlıkta bulunmasını bir ideal olarak yansıtmak, üstüne üstlük kadının kendisinden "verdiği" şeyleri bile vermek olarak görmemek, yaptıklarının miktarını hep küçümsemek ve bunları bir kız çocuğuna, kadına güzel bir şeymiş gibi, bunlar kadınların görevleriymiş gibi, olması gerekenmiş gibi benimsetmek, onun yıkımını hazırlamaktır.

"Başkaları için hiç bitmeyen bir kaynakmışız gibi davranırsak, kendimize yardım etmek için yapabileceğimiz her şeyi yapmazsak, ruh derisini kaybederiz." diyor Estés; "Ah, dünyada ne kadar kadın varsa, ruh derisini kaybetmenin de o kadar yolu vardır!"[63]

---

[62] Çocukların ve kadınların yanında olan çok az masal vardır; masalların büyük çoğunluğu, çocukları ve kadınları sindirmek, korkutmak, Pinokyo gibi, yanlışlarının cezalandırılacağını söylemek içindir, tehdit içerir. Masallardaki gibi iyiliğin ödüllendirildiği, kötülüğün cezalandırıldığı bir dünyada yaşamıyoruz ve çocuğa bu yalanı öğretmek onu dünyaya yanlış hazırlamaktan başka işe yaramıyor.

[63] A.g.e., s. 296

Annelerin, kendilerine öğretildiği gibi eşleri ve çocukları için kendi hayatlarını kurban etmeleri, iyi bir eş, iyi bir anne olmayı idealize etmeleri, bu görevlerini ifa etmek için canla başla çalışmaları, onları sonunda kötü kalpli kraliçelere dönüştürür. Pamuk Prenses'in de, diğer masal kahramanları gibi, "üvey" olduğu söylenen annesinin öz kızı olduğunu düşünüyorum. Pamuk Prenses, Cinderella ve diğer "melek" kızların annelerine "üvey" dememiz, bu kızların kendilerini, içine davet edilmedikleri, her şeyleriyle kabul gördüklerini hissedemedikleri bir ortamda bulmalarından, yahut, belli bir yaştan sonra, evlerinde kendilerine yaklaşımın aslında hiç de dostane olmadığını fark etmelerinden kaynaklanıyor.

Cinderella yahut Pamuk Prenses biraz büyüdüklerinde, evlerinde onlardan hizmetçilik bekleyen, hizmetçiye dönüşmeyen bir Cinderella'yı, Pamuk Prenses'i kabul etmeyecek bir üvey anne ortaya çıkıyor. Annelerin öz kızlarına yaklaşımı, yüzyıllarca böyle olmadı mı? Kadınlar yüzyıllarca, sadece hizmetçilik ettikleri zaman kabul gördüklerini ta içlerinde duymadılar mı, ve bunu onlara en derinden, ilk aşılayan kişi de anneleri değil miydi?

Çirkin Ördek Yavrusu ve Annenin Öz Çocuğunu Reddi

Estés, *Çirkin Ördek Yavrusu* masalının, kişinin, onu olduğu hâliyle kabul edemeyen bir aileye doğmasını anlattığını söylüyor. "Başkaları"nı önemseyen ve çocuğunu "başkaları"nın istediği/isteyeceği şekle sokmaya çalışan güvensiz anne ile çocuğunun hikâyesi *Çirkin Ördek Yavrusu.* Andersen, masalı, çirkin doğup sonra güzelleşmesine binaen yazdığını belirtmişti; ama bir kuğuysanız, doğduğunuzda zaten güzelsinizdir, yürüyüşünüz, yüzüşünüz de güzeldir; ancak ördekler ve kazlar, yahut, ancak ördek kafalı ördekler ve kaz kafalı kazlar, bir kuğunun ne kadar güzel olduğunu idrak edemezler. Maalesef ki aileniz ördek kafalı ördeklerden ve kaz kafalı kazlardan oluşuyorsa, bu aile siz büyük, güzel bir kuğuya dönüştüğünüzde de sizin ne kadar güzel olduğunuzu, yine, takdir edemeyecektir.

Kuğu yavrusunun güçlü, yetişkin bir kuğuya dönüştüğünde takdir görmesini, Andersen'in hayal kırıklığından kaynaklı ümidi olduğunu sanıyorum. Bence Andersen, bunun farkında olmasa da, ne kadar güzel olduğunu hiçbir zaman anlayamamış ailesine sitemle yazıyordu masalı; masalın kendisiyle de birlikte, hep olmuş olduğu o güzel masal yazarına dönüşmesi, masalın sonunda gökyüzünde geniş kanatlarıyla uçan kuğu ile özdeşleştiriyordu onu. *Çirkin Ördek Yavrusu*, siz güzel olduğunuz, güzel adımlar attığınız, güzel yüzdüğünüz hâlde, ailenizin görünüşünüze, adımlarınıza, yüzüşünüze bir türlü güvenememesinin hikâyesidir.

Çirkin Ördek Yavrusu'nun annesi, kendisine güvenemeyen bir annedir ve bu yüzden çocuğuna güvenemez. Bir kadın Cinderella sendromuna sahipse, kendisini "çok kolay teslim olurken bulur; mesafe koymaktan, saygı talep etmekten, istediğini yapma hakkını ortaya koymaktan, bunu öğrenmekten, kendi başına yaşamaktan korkarken bulur."[64] "Kuşaklar boyunca kadınlar bir erkekle evlenmek yoluyla meşrulaşan insan rolünü oynamayı kabullendiler. Bir erkek, öyle olduğunu söylemedikçe, bir insanın kabul edilemez olduğu fikrine rıza gösterdiler."[65] "Son birkaç yüzyılda, annelere savaş uğruna oğullarını ulusa teslim edip bundan memnun olmaları gerektiği söylenmiştir."[66]

Bir kadının kendini feda edebilmesiyle çocuğunu feda edebilmesi birbirine sıkı sıkıya bağlı şeylerdir. Kendini feda etmesini öğrenmemiş hiçbir anne çocuğunu feda edemez. Kendini feda etmesini öğrenmemiş hiçbir anne çocuğuna kendini feda etmesini öğretemez. Yaşamınızı çocuğunuz için feda etmeni-

---

[64] A.g.e., s. 198

[65] A.g.e., s. 200

[66] A.g.e., s. 199

zin, çocuğunuza hiçbir faydası olmayacağı gibi, tam tersine, derin şekilde zararı olacaktır. Sizin için iyi olmayan hiçbir şey, çocuğunuz için veya bir yakınınız için iyi olamaz. Çocuğunuz için yapabileceğiniz en iyi şey, önce sizin kendi hayatınızı yaratmanız, sizin kendi hayatınıza sahip çıkmanızdır.

Kendi hayatınızı yaşama özgürlüğünüz yoksa, gerçek bir hayatınız yok demektir. Kendinize ait bir hayatınız olmadıkça, çocuğunuzu kendisine ait bir hayatı olabilecek şekilde büyütemezsiniz. Tercihlerimizi yaşayamıyorsak, bu, köleliğe tabiyiz demektir. Köle olduğunuz kişi çocuğunuz bile olsa, bu kölelik hiçbir açıdan "çocuğunuz için iyilik" değildir. Uğruna hayatınızı feda ettiğiniz eşinize ve çocuğunuza, feda edilmiş hayatınızın bedelini çocuğunuzun kendi hayatıyla ödetmek istersiniz önünde sonunda.

> Dünyada hâlâ çok fazla kölelik vardır. Kimi zaman böyle adlandırılmaz, ama bir kişi "terk etmek"te özgür olmadığında, "kaçarsa" cezalandırılacak olduğunda, bu köleliktir. Birinin her aklına estiğinde insanlar "kapı dışına konuyorsa," bu da bir kölelik durumunu gösterir. Eğer bir kişi kendi çıkarları uğruna değil de, temel varlığını korumak ya da sürdürmek amacıyla acı verici işlere ya da alçaltıcı seçimlere zorlanıyorsa, bu da bir kölelik oluşturur. Her tür kölelik koşulları altında aileler ve tinler bozulur ve sonsuza kadar değilse bile, yıllarca kaybedilir.[67]

Kadınlar, "Hayatlarının nerede fışkırmasını istedilerse, birileri hiçbir şey büyümeyecek şekilde toprağı tuzlamak için oradaydı."[68] Eğer bize dayatılan bu muameleyi kabullenmesini öğrenirsek, içimizdeki çocuğu da öldürmüş oluruz; ve içimizdeki çocuğun ölmesi, reel çocuğumuzun da sembolik anlamda ölmesine neden olur.

67 A.g.e.

68 A.g.e., s. 215

Bir kadının depresyonlarının, can sıkıntılarının ve sayıklamalı kafa karışıklıklarının çoğu; yeniliğin, şevkin ve yaratıcılığın kısıtlandığı ya da yasaklandığı son derece sınırlı bir ruhsal yaşamdan kaynaklanır. Kadınların doğal ve vahşi içgüdülerinin kültürel olarak kısıtlanması ve cezalandırılması yüzünden, yeteneklerinin hâlâ büyük oranda çalındığını ve sakatlandığını görmezden gelemeyiz.[69]

Masallardaki Üvey Anne, Öz Annenin Diğer Yüzüdür

Masallardaki "üvey anne" karakterinin, gerçek anne kimliğinin bir parçası olduğu artık uzun zamandır bilinmekte. "Kötü kalpli üvey anne"yi, anne arketipinin "kötü cadı" tarafı olarak düşünebiliriz. Neden babadan çok anne üzerinde durduğumu soranlar, masallardaki "üvey anne" kalıbının neden "üvey baba"dan çok daha sık, çok daha güçlü kötülük unsurlarıyla birlikte yinelenip durduğunu sorgulayabilirler. Meselenin, kuşkusuz, geleneksel kültürde babanın ebeveynlik yapmamasıyla, işin çoğunu anneye yıkmasıyla ve yükü çok ağır olan annenin de bunun acısını çocuktan çıkarmasıyla çok ilgisi var.

Çocuk katli uzmanları, annenin, kendi çocuğunu öldürmeye babadan daha yatkın olduğunu ortaya koyuyorlar. Bu, fiziksel ölümler kadar, ruhsal ölümler için de geçerli bir durum. İyi ebeveyn yoktur; ama baba, gerçek anlamda ebeveynlik dediğim o ruhsal ebeveynliği çoğu zaman zaten hiç yapmadığı için, söz konusu duygusal ihmali, çocuğa verdiği zararı çok daha açık, basit şekillerde görebiliyor ve ifade edebiliyoruz. Annelerin verdiği zararsa çok daha karmaşık, çok daha az "görünür", ve bu yüzden,analiz edilmeye daha muhtaç. Fakat bu, anne için söylediğim *her şeyin* baba için de geçerli olduğu gerçeğini değiştirmiyor.[70]

---

69 A.g.e., s. 304

70 Israrla vurguladığım şey ise şu: Bize bu şekilde annelik/babalık edileceğine hiç annelik/babalık edilmeseydi, sözgelimi ormanda kurtlar tarafından yetiştirilseydik, bugün neredeyse hepimiz –evet, neredey-

Tören, Her Zaman Kurban İçerir

Törenin olduğu her yerde, biz bunun farkında olalım ya da olmayalım bir kurban vardır.[71] Bir şeyi törenselleştirmek, törenselleştirilen ve törenselleştirme yoluyla yüce yahut kutsal değer atfedilen şey uğruna bir başka şeyi/insanı kurban etmek demektir. Bütün törenlerin aynı zamanda bir kurban etme töreni olduğunu söyleyebiliriz ki kurban etme töreninin kendisi de zaten diğer törenlerin özünü izhar etmektedir. Her kutsalda kurban olduğu gibi her kurbanda da kutsal vardır. İngilizce "kurban etme, feda etme" anlamındaki "to sacrifice" fiilinin "kutsal" (sacred) kökünden gelmesi, tam tamına "kutsal hâle getirmek" (to make sacred) demek olması tesadüf değil.

Bir törenin bizi duygusal ve zihinsel anlamda istismar etmesi için o törenin bir parçası olmamız yahut o töreni bire bir müşahede etmemiz gerekmez. Varlığını bildiğimiz ve normal olduğu algısı toplum tarafından bir şekilde içimize yerleştirilmiş bütün törenler duygu ve düşünce dünyamıza etki ederler. Bunu şöyle düşünün: Duyduğumuz, okuduğumuz her şeye verdiğimiz tepki farkında olmadan bizi de şekillendirir; muhatap olduğumuz her hikâye, aslında bizim içimizde cereyan etmektedir. Ne okursak okuyalım aslında kendimizi okuyor oluşumuz da bununla ilgilidir.

İbrahim, Hacer ve İsmail arasındaki kurban kıssası, bu kıssayı okurken, tartışırken, değerlendirirken bir yandan, hatta

---

se hepimiz– çok daha mutlu insanlar olurduk.

71 *Kar ve İnci* romanım, ünlü bir bestekâr olan Prof. Deniz İlter'in veda gecesiyle, yani bir törenle başlar. Kırılan kadehten ailenin üzerine sıçrayan şarabı neden kan lekesi gibi algıladığımızı önce bilmeyiz. Çok geçmeden bu pırıltılı balo salonunun sahnesine çocuk bir kurban girer. Bu kurbanı sadece profesör görebilmektedir. Profesörün herkesi imrendiren aile yaşamı dışarıdan göründüğü gibi değildir. *Disparöni*'de de, titr sahibi Elver Bey'in bulunduğu konuma yükselmesi ve onu koruması için başkalarını nasıl sömürdüğüne şahit oluruz. Nitelikli olanlar, sömürülmeye daha açıktır. Törenler, ister reel ister sembolik olsunlar, kendi otoritelerini yaratarak olayların içyüzünü görebilmemizi engeller ve görünmez sömürülere olanak tanırlar.

asıl olarak bizim içimizde yaşanmaktadır. Kuran'da adı geçen kimselerin gerçekten yaşamış olduklarını düşünelim ya da düşünmeyelim, inançlı olalım ya da olmayalım, bu kimseler ve hikâyeleri bizi direkt olarak etkilerler.[72] Müslümanlar, Kuran'ın sonsuz, evrensel ve zamansız olduğunu söylüyor. Esasında, dinlediğimiz tüm masallar, okuduğumuz tüm romanlar sonsuz, evrensel ve zamansızdır. Şöyle bir örnek vereyim: Her birimizin içinde anne, baba ve çocuk olduğunu hep vurguluyorum. İbrahim, Hacer ve İsmail kıssasını okumamızla yahut dinlememizle beraber, her birimizin içinde yaşar İbrahim, Hacer ve İsmail. Onların hikâyesi değiştikçe, yahut bizim onların hikâyelerine bakışımız değiştikçe, içimizdeki İbrahim, Hacer ve İsmail de değişir. İbrahim'in İsmail'i kurban etmeye teşebbüs etmesi, pasif olarak okuduğumuz ya da dinlediğimiz bir şey değildir. İbrahim'in İsmail'i kurban etmeye teşebbüs etmesini olağan yahut olumlu karşılıyorsak, kendi içimizdeki çocuğu kurban etmeyi de olağan yahut olumlu karşılıyor, bir başkasının içindeki sembolik çocuğun ve reel çocukların kurban edilmesini normalize ediyoruzdur. Kendi içimizdeki çocuğu kurban etmeye engel olmak için, önce İbrahim'in İsmail'i kurban etme teşebbüsüne eleştirel yaklaşabilmemiz gerekir. İbrahim, Hacer ve İsmail, sonsuzdur, canlıdır; bizzat içimizde yaşamaktadırlar. Kültürümüzü şekillen-

72 Özellikle ülkemizdeki aydınların önemli bir probleminin, "Bunlar zaten asılsız." gerekçesiyle İslamiyet'e ve genel olarak dinler ile teolojiye yeterince eğilmemeleri olduğunu düşünüyorum. Bir toplumun inandığı dinleri (ve dolayısıyla tabii ki diğerlerini de) sadece yatay değil dikey boyutuyla da anlayamadıkça o toplumu anlayabilmek çok zor. İslamiyet ve dinler, inanmayanları, hatta birkaç kuşaktır inanmayanları da derinden şekillendiriyor, şekillendirmeye devam ediyor. Çok üzerinde durduğum kurban kıssası, buna önemli bir örnek. (Kurban kıssası üç büyük dinde detayda farklılıklar arz etse de özünde yine aynı.) Dünyanın neresine gitsem inançlı ve inançsız kimselerin bu kıssa ve sayısız benzerlerinden etkilendiğini görüyorum. Bana göre mesele, etkilenmek değil, ama etkilendiğini bilmemek. Etkilendiğimizi fark etmediğimiz sürece bunlar cansızlaşıyor, sabit hâle geliyor; bizim ruhsal ve sembolik ölümümüzün bir parçası oluyor.

diren her öğe, içimizde de aktiftir. Kutsal kitaplara inanmak ya da inanmamak bu gerçeği değiştirmez. Etrafım, Tanrı'ya ve kutsal kitaplara inanmayan, ama -kendisi bunun farkında olmasa da- İbrahim'in İsmail'in boynuna bıçak dayamasını meşru gördüğü için kendi içindeki çocuğu ve dolayısıyla etraftaki tüm sembolik ve reel çocukları da kurban etmekte sakınca görmeyen insanlarla çevrili. Bizi çevreleyen kültürün bizi nelere inanır hâle getirdiğinin ayırdında değiliz. Bunun tersi de geçerli. Müslüman/Hristiyan/Yahudi olan, kutsal kitapta geçen her şeye iman ettiğini söyleyen, ama günahsız bir çocuğun -nitekim bütün çocuklar günahsızdır- boynuna bıçak dayatılmasını yanlış bulacağından emin olduğum, eşi bir gün "Ben rüyamda gördüm, çocuğumu kurban etmemi Tanrı emretti." dediğinde doğru olanın çocuğu korumak olduğunu bilen birçok dindar tanıyorum.

Hallac-ı Mansur'un "Ene'l Hak" (Ben Hakk'ım/Tanrı'yım) keşfi, bir dine inanan ve inanmayan herkes için geçerli bir doğruyu anlatıyor. Her birimiz, İbrahim'iz, Hacer'iz, İsmail'iz. Üçünü de gittiğimiz her yere kendimizle birlikte götürüyoruz. New York'ta bir caddenin köşesindeki kafede oturmuş, espresso içerek dışarı bakarken Hacer'in de benimle birlikte New York caddesini izlediğini biliyorum. Hacer'im, ve Hacer ben yaşadığım için yaşıyor. Ben Hacer'in hikâyesini nasıl okursam Hacer öyle yaşıyor. Hacer'i hareketsiz bir imgeye hapsetseydim onu öldürmüş olurdum, ve bu dolaylı olarak benim de ölümüm olurdu. Hacer canlı ve canlı olduğu için değişiyor, hareket edebiliyor, tüm zamanlarda ve mekânlarda ruh bulabiliyor. Ve ben Hallac-ı Mansur'un sözü uyarınca, İsmail'i öldürmenin Hakk'ı öldürmek olduğunu, "Aman, zaten ölmeyecek ki." demenin Hakk'a (kendime) bıçak çekmeye eş bir küfür sayıldığını biliyorum.

Bu söylediğimin çok kişi tarafından eksik ve yanlış anlaşılacağının farkındayım, ama İsmail'i kurtarmak, söylendiği şekilde Tanrı'nın elinde değil. İsmail'i kurban eden ve etmeyen güç, her birimizin kontrolünde. Hallac-ı Mansur bugün yaşasaydı onu yine kurban ederdik; sadece, başka biçimlerde. Bugün oturduğumuz yerden Hallac-ı Mansur güzellemeleri yazmak çok kolay. Günümüz gerçekliğinde kurban ettiğimiz Hallac-ı Mansur'a, onun kurban ettiğimiz sayısız biçimlerine, ben şahidim.

Shirley Jackson'ın "Piyango" Öyküsü Distopya Mı?

Amerikalı yazar Shirley Jackson'ın (1916-1965) antolojilerde sıkça yer alan, 1948 tarihli ünlü "Piyango" (The Lottery) öyküsü, piyango sabahının piknik havasındaki tasviriyle başlar: "27 Haziran sabahı gökyüzü bulutsuz ve güneşli, bir yaz gününün insanın içini ısıtan sıcaklığıyla dopdoluydu; çiçekler rengarenk açmış, otlarsa yemyeşildi. Köy halkı meydanda, postaneyle banka arasında, saat 10 civarında toplanmaya başlamıştı."[73]

Köyün geleneksel etkinliği olan piyango çekilişinin her sene aynı tarihte, aynı detaylar gözetilerek yapıldığını anlarız. Köy halkının güzel bir şey için toplandığı duygusu uyanır okurda. Bu olumlu duygu, piyangoyu tutturan Tessie Hutchinson'ın korkulu tepkisiyle sarsılır. Piyangonun, köy halkından her sene birinin taşlanarak öldürülmesi anlamına geldiğini öykünün sonunda anlarız.

Sünnet ve evlenme törenlerini, hatta belki bütün törenleri bu öyküye benzetiyorum. Öykünün güzel yaz sabahı havası gibi, törenler de bize güzel bir şey oluyor duygusu veriyorlar. Çok güzel bir şeymiş gibi görünen, daha doğrusu bize öyle lanse edilen gelinlik, çok güzel dekore edilmiş salonlar, çok güzel dekore edilmiş sofralar, vuku bulan şeyin gerçekte ne kadar çirkin olduğunu örtmeye yarıyor sadece.

"Sosyal aktivite" olarak bahsedilen ve öyküde de sosyal bir

---

[73] Çevirmen: Egemen İmre, kaynak: http://cennetelmasindakikurt.blogspot.com/2007/09/piyango-shirley-jackson-evegemen-imre.html, 26 Ocak 2019 tarihinde ulaşıldığı şekliyle

aktivite gibi anlatılan piyango sabahı herkesten önce "tabii ki çocuklar"[74] toplanır. Ceplerini en yuvarlak, en pürüzsüz, yani "en güzel" görünümlü taşlarla doldurmuşlardır. Törenin bir yahut iki kişi için düzenlenir görünürken orada bulunan (hatta, bulunmayan) herkese dair olduğundan söz etmiştim. Törenin sembolize ettiği güç hiyerarşisinde en aşağı konumda yer alan, törenin otoritesine en katı şekilde tabi olması beklenen, "tabii ki çocuklar"dır. Nitekim piyango kağıtlarını da -her alandaki ritüellere uygun şekilde- önce "aile reisleri" çeker.

Okulların tatile yeni girdiği, bu nedenle de özgürlük hissinin çocukların çoğunda "eğreti durduğu" vurgulanır. Hâlâ sınıftan ve öğretmenden, kitaplardan ve yedikleri azarlardan konuşuyorlardır ki piknik havasındaki törenin bu otorite ve onun karşısındaki acziyet hissinin bir başka şekilde devamı olduğunu bu şekilde hissederiz. Piyango geleneğindeki detayları olduğu gibi muhafaza etme kaygısı, bu detayların korunmasına ve her sene aynı şekilde tekrar edilmesine verilen önem, aynı otorite hissinin parçasıdır. Köydeki kömür şirketinin yöneticisi olan Bay Summers, piyango töreninin de idarecisidir; ne de olsa toplum içindeki yeri, cinsiyeti bu göreve uygundur. Bay Summers, dinî ve resmî nikah yahut sünnet törenleri geleneğinde uygulananlara benzer şekilde, çekiliş sırasındaki yemin törenini idare ederken bir ilahi söyler. Nitekim evlenme töreni ister nikah memurunun ciltli defteri önünde vuku bulsun ister bir kutsal kitap karşısında, okunanların otoritenin kutsal kelamı olduğunu, ona riayet etmek durumunda olduğumuzu hissederiz nikahlarda; oradaki bir davetli olmamız bu durumu değiştirmez. Sünnet sırasında okunan duayla kurban bayramında hayvan kesimi sırasında edilen dua da -özellikle bu ikisi çok benzer bence-, aslında hep bu hissi yerleştirmek içindir.

Piyangodaki detaylar her sene aynı şekilde yinelendiği için, talimatları yarım kulakla dinlerler. Aynı, bizim törenler-

74 A.g.e.

de yaptığımız gibi. Fakat piyangoya yahut onun uygulanışına dair bir detayın değiştirilmesi ihtimali, tehlike olarak algılanır:

> "Diyorlar ki," diye söze başladı Bay Adams, yanında duran İhtiyar Warner'a dönüp, "kuzeydeki köyde piyangoyu bırakmayı düşünüyorlarmış."
>
> İhtiyar Warner hoşlanmadığını belirtircesine burnundan soludu. "Bir avuç ahmak," dedi. "Gençlere baksan, hiçbir şeyi beğenmezler. Sonra bi' bakıcan mağaralarda yaşamaya başlıycaklar, kimse çalışmıycak, öyle yaşayıp gidicekler. Eskiden bi' deyiş vardı, 'Piyango haziranda, mısır hasadı yolda' diye. Sonra haşlanmış sıçankulağıyla meşe palamudu yemeye başlardık. Piyango hep vardı," diye aksilendi. "Genç Joe Summers'ın orada milletle şakalaşması bile yeterince kötü."
>
> "Bazı yerlerde piyangoyu bıraktılar bile," dedi Bay Adams.
>
> "İşin sonu kötüye varır," dedi İhtiyar Warner. "Bir avuç genç ahmak."[75]

Aralarından birini feda etmemek, toplu olarak helak olacakları korkusunu uyandırmaktadır. Piyango geleneğini sürdürmeyi bıraktıkları takdirde Tanrı'nın onlara kızacağı, toprağın artık ürün vermeyeceği düşüncesi bir şekilde zihinlerine işlemiştir. Konuştuğum birçok insan, kendileri yahut evlatları o meçhul güçlerin istediği şekilde evlenmezse dünyanın sonu olacakmış gibi, o evlilik meşru bir evlilik olmayacakmış ve aile olarak bundan dolayı cezalandırılacaklarmış gibi hissediyor. Aynı, "Piyango" öyküsünde "Ama bu anlamsız korkuya ne gerek var?" diye sormak istediğimiz köy halkı gibi. Köy halkı o sene birini feda etmedikleri sürece başlarına kötü bir şey gelmeyeceği konusunda nasıl ikna olmuyorsa, ben de bu

---

[75] A.g.e.

kimseleri iki kişi gidip bir deftere imza attıkları için dünyanın başlarına yıkılmayacağı konusunda ikna edemiyorum. "Piyango" öyküsündeki köy halkının her sene bir araya gelip aralarından birini meydanda taşlaması, bizim bir araya gelerek seçilmiş kişiyi -sözgelimi sünnet evresinden geçecek çocuğu, evlenme evresinden geçecek gelini, damadı- ataerkil Tanrı'ya kurban etmemizle çok benzer. Shirley Jackson'ın bize korkunç bir distopya gibi görünen realitesinin tam içinde yaşıyor, ama Jackson'ın öyküsünü dehşet verici bulurken kendi dünyamızın tüylerimizi diken diken etmesi gereken yaşayış biçimlerini normal addediyoruz.

83 yaşında bir Çerkez beyefendinin, "Artık gençlerimiz eşlerinin yanında oturuyor, onların isimlerini ağızlarına alıyorlar. Bunları göreceğime keşke yaşamasaydım. Yaşadığıma utanıyorum." dediğini duymuştum. Bu beyefendinin yaşadığı ağır hüzün, utanç, öyküde anlatılanlardan ne kadar daha anlamlı? "Piyango" öyküsündeki gibi Çerkez geleneğindeki tutum da, *yaşayışa* karşı.

"Piyango" (The Lottery) öyküsü, okur tarafından öfkeyle karşılanır. Öykünün yayımlandığı *The New Yorker* dergisi, "Piyango"nun yayımlanmasının ardından dergi tarihi boyunca bir kurmaca eserine karşılık olarak daha önce hiç almadıkları kadar mektup aldıklarını beyan eder. *The New Yorker* öyküyle ilgili telefonların kaydını tutmaz; ancak gelen mektupları yazara yönlendirmektedirler ki Shirley Jackson o dönemde nefret dolu bir mektup sağanağına maruz kalmıştır. Bugün sosyal medyada, özellikle Twitter'da sık rastladığımız linç, o dönemde çok az edebî eserin başına gelecek şekilde "Piyango" üzerinden yaşanır.

Toplumu böyle feverana sevk eden şeyler, hele hele kurmaca bir eserin, kimseye zararı olmayan bir fikrin karşısında ortaya çıkıyorlarsa, sıklıkla, toplumun en derinindeki bir gerçeği açığa çıkardıkları içindir. "Piyango" öyküsünde Bayan Hutchinson'ın oğlunun annesini taşlaması için teşvik edilmesi, bana Yaşar Kemal'in muhteşem romanı *Yılanı Öldürseler*'de Hasan'ın annesini öldürmesi için dört yandan baskı görmesini hatırlatıyor ki Yaşar Kemal'in Anadolu gerçekliğini anlattığı bu hikâyesi bugün farklı formlarda da olsa günlük realitemizin içinde yeniden karşımıza çıkıyor. Shirley Jackson'ın öyküsü gerçek olmasaydı toplum ona "Hikâye işte" deyip geçecek, kimse böyle hakiki bir öfkeye kapılmayacaktı. Öfkenin hakikiliği, öykünün de hakikiliğinin ispatı.

Antik Çağlarda Günah Keçisi

Bugün belki aramızdan birini seçip topluca taşlamıyoruz, ama *İyi Aile Yoktur*'da anlattığım gibi, toplum, gücünü kendisine günah keçileri yaratmaktan, bu günah keçilerini cezalandırıp sonra yerlerine yenisini bulmaktan alıyor. Az önce sözünü ettiğim Twitter linçleri bile, toplumsal bilinçaltımızın sosyal platformlardaki tezahürü. Shirley Jackson'ın öyküsünde olduğu gibi yoğun bir günah keçisi sendromu yaşamasaydık, sosyal medyada toplu linçler bu kadar kolaylıkla ve bu kadar güçlü bir etkiyle günlük realitemizin parçası olmayacaklardı.

Günah keçisi bulma dürtümüz öyle güçlü ki bugün sosyal linçler üç, en fazla beş gün sürüyor. Yoğun öfkeyle saldırılan birinin beş gün sonra çoktan unutulması, gündemin artık bir başka günah keçisiyle meşgul olması, ama bir günah keçisiyle meşgul olması, beni hayli hayrete düşüren bir şey. Toplum kendisini ne kadar suçlu hissediyorsa, kendisine yeni günah keçisi bulmak hususunda o kadar hızlı ve usta oluyor. Suçlamaya duyulan bu açlık, bize suçlanandan ziyade suçlayanla ilgili bir şeyler söylemeli.

İslamî gelenekteki "Beraat Gecesi"ne karşılık olarak düşünülebilecek Yom Kippur'da, yani kefaret ve tövbe gününde, Yahudiler toplumun günahlarına karşılık iki keçi seçer ve bu keçileri kurban ederlerdi. Keçilerin kanlarını akıtmak suretiyle toplum da günahlarından temizlenmiş olurdu. Hristiyanlıkta İsa'nın kendisine iman edenlerin günahları için öldüğü düşüncesi, bilinçaltımızdaki günah keçisi sendromunun bir devamıdır. Antik Yunan'da, Antik Orta Doğu'da ve dünyanın birçok yerinde tarih, bazen keçilerin, bazen insanların toplumun günahları adına Tanrı'ya feda edilmesi ve toplumun bu şekilde kendisini güvende hissetmesine ilişkin kurban ritüelleriyle doludur. Çocuğu kurban etmekse, tüm coğrafyalarda her kesimden insan arasında şaşırtıcı ölçüde yaygındı. Tarihin yoğun şekilde kurban ritüelleriyle dolu olduğu bir dönemde İbrahim'in İsmail'i kurban etmeye dair bir rüya görmesini bu bağlamdan bağımsız düşünemeyiz. Bugün bize kurbanın başka bir şey olduğu söyleniyor; ama güncel sünnet ve kurban törenlerinin dahi, temelde bu günah keçisi sendromunun bir devamı olduğu kanısındayım.

Hatta, nikâhların ve benzeri başka törenlerin de. Bütün törenlerin özü, "çocuğu Tanrı'ya kurban etme" ritüelinden geliyor.

Güzel ve Çirkin: Genç Kızın Cinsellik Korkusu

Güzel ve Çirkin, esasında genç kızın cinsellik korkusunu anlatan bir masal. Masum, tecrübesiz, zor durumda kalmış bir genç kız olarak anlatılan Güzel, Çirkin'i masallarda hayvanların en güçlüsü ve en korkutucusu tasvir edilen aslan suretinde görmektedir. Kendisine sürekli cesur olduğunu söylemesi, cesaret ihtiyacını, yani içten içe duyduğu korkunun derinliğini ele verir. Çirkin'in aslında yakışıklı bir prens olduğunu masalın sonunda anlarız. Güzel bize masaldaki zorluklar biçiminde aktarılan cinsellik korkusunu atlatınca Çirkin kükreyen, Güzel'i tehdit eden, itici görünümlü bir aslandan çekici bir erkeğe dönüşür. Güzel'in korkusu, Çirkin'in cinsel çekiciliğini görebilmesine, onun cazibesine kapılmasına set çeker; hatta başka bir deyişle korku, Güzel bunları hissedemesin diye vardır.

Masalın sonlarında, Güzel'in, cinsellik korkusunu aşıp da Çirkin'in cazibesine kapılmak için kendisine izin vermesine ramak kalmışken, içindeki cinsel itkiyle yüzleşmek üzere olma durumu Güzel'in korkusunu artırır ve masalın bu bölümünde, etraftaki her şey düşmanlaşarak Güzel'e saldırırlar. Bahçedeki otlar, ağaçlar, büyür, büyür, ve Güzel'in iç dünyası olarak düşünebileceğimiz sarayın etrafını hızla sararak pencerelerden içeri girmeye çalışırlar. Korkunun en üst raddeye çıktığı bu sahnede Güzel her zamankinden daha çok tehdit altındadır, masaldaki canlı ve cansız her şeyin kötücül hedefi Güzel'dir, atmosfer her anlamda karanlıktır. Güzel o noktada korkusunu yenip de Çirkin'in aslında yakışıklı bir prens, masalın en başından beri yakışıklı bir prens olduğunu görmek konusunda artık kendisine izin verdiğinde, Çirkin'le birlikte, düşmanlaşmış her şey de birden sükûnete, orijinal güzelliğine, aydınlığa kavuşur. Güzel'e saldıran bahçe o aydınlanma ânıyla birlikte, kuşların cıvıldadığı, dingin, güneşli, Güzel'in iç dünyasına dost bir Cennet'e dönüşür.

Çirkin, Güzel'in kendi doğasının, kabul etmek istemediği hayvansı tarafıdır. Çirkin, Güzel kendisini kendi hayvansılığının akışına bırakamadığı ve doğasının cinsel yönünü reddettiği için vardır, bu yüzden "Çirkin"dir. Güzel, Çirkin'i değil, kendi içindeki cinsel itkiyi çirkin görmektedir aslında; Çirkin'i bu yüzden var etmiştir. Dış'ında bir "çirkin" var etmek suretiyle kendisinin "güzel" kaldığı hissini pekiştirmektedir.

Tanrı'nın Dış'tan İç'e Taşınması

Etrafımızdaki unsurları çirkin, düşman, saldırgan, tehdit edici şekillerde algılamamız çoğu zaman iç dünyamızla ilgilidir. Kendisini bir türlü güvende hissedemeyen, tüm dünyanın ona karşı komplo kurduğunu düşünen şizofrenleri bu duruma örnek göstererebiliriz. Kendisini güvende hissedemeyen ve güvende olabilmek için birilerini yahut bir şeyleri o düşman güce kurban etmesi gerektiği hissiyatından kurtulamayan kişi, dışında, yukarıda, öfkeli ve tehditkar bir Tanrı tasavvur etmektedir. Tanrı'nın dış'tan iç'e taşınması, orada tanrıya dönüşmesi, önemli bir adımdır; masaldaki Çirkin'in yakışıklı ve çekici prense dönüşmesine benzer. Çirkin'in yakışıklı prense dönüşmesiyle birlikte etraftaki her şey de dostlaşır. Bakire genç kızlar, keçiler, günahsız çocuklar kurban ettiğimiz bir Tanrı imgesi, suçluluk duygusunun işaretidir. Tanrı'sı gökyüzünden inip kalbine yerleşmiş kimse, -biz buradaki "tanrı"yı nasıl yorumlarsak yorumlayalım, bir dine inanalım ya da inanmayalım- gece vakti uykusundan depremle uyansa, hortumla, sellerle, felaketlerle karşılaşsa bile, kendisini tehdit altında hissetmez. Zira "merkez" de dış'tan iç'e taşınmıştır. Yunus'un balığın karnındayken "Allah'ım, n'olur beni bu balığın karnından çıkar." diye dua etmediğini, bunun yerine, "Allah bize yeter, o ne güzel vekildir" anlamındaki "Hasbünallahu ve ni'mel vekil" cümlesini zikrettiğini hatırlayabiliriz. Kurban kıssasını da, İbrahim için önce Ay, sonra Güneş olmuş Tanrı'nın bu sefer de yukarıdaki yerinden, yani Dış'tan İç'e taşınmasının gerçekleştiği hikâye olarak okumak mümkün.

Kar ve İnci'de, yaşamayı öğrenmenin yüzmeyi öğrenmeye ne kadar benzediğini anlatmaya çalışmıştım. Hepimiz suyun içindeyiz. Hayat, gerçekten de suyun ortasında olmaya benziyor. Suyla savaşırsanız, su düşmanlaşır ve sizi içine çeker. Suyun üzerinde durmasını, hatta yüzmesini öğrenmek, ancak suyla dostlaşarak mümkün. Su, onu dost olarak gördüğümüzde bizi kaldırır, ilerlememize yardımcı olan hareketi sağlar.

Mesnevî'deki eşek hikâyesini belki bilirsiniz. Kuyuya düşen eşeğin kurtulamayacağına karar verir ve eşeğin üzerine toprak atarlar. Eşekse üzerine atılan her toprakla silkinir ve toprağın üzerinde yükselir. Sonunda kuyu kapanır, üzerine atılan toprakla savaşmayan ama silkinmekle yetinen eşek, yukarı çıkar.

Her sorun, çözümünü de içerisinde taşımaktadır. Hatta bizim "sorun" adını verdiğimiz şeyler, çözümün kendisidir.[76]

Eşeğin üzerine atılan toprak, her birimizin başına gelen kötü şeylere benziyor. Başımıza gelen kötülüklerin bize karşı saldırı olduğunu düşünür ve kendimizi onlardan korumaya çalışırsak, onlar üzerinde yükselemeyiz. Evet, herkesin, hem de herkesin başına kötü şeyler gelir. Ama önemli olan başımıza ne geldiği değil, başımıza gelen şeyle ne yaptığımız. Eşeğin, üzerine atılanları sakince, olduğu gibi kabullenmesi, düşman değil dost görmesi, toprağın hakikaten de dostlaşmasını ve eşeğin kurtuluşuna zemin görevi görmesini sağlıyor. Efendi addedip "karşısında" savaştığımız unsurların efendiliğini biz yaratır ve pekiştiririz. Halbuki "dış" diye bir şey yoktur; her şey ama her şey aslında sadece ve sadece içimizde cereyan etmektedir.[77]

Bir başkasının varlığıyla teselli olabiliriz gerçekten; ama tesellimizde bu insanın sadece bir vasıta olduğunu, kendi kendimizi teselli edenin yine kendimiz olduğunu çoğu kez fark edemeyiz. Dünyada hiçbir şey yoktur ki kendimizden ayrı olmasın. Mesela rüyada -ve aslında hayatta da- gördüğümüz bütün canlılar, hatta cansızlar ben'dir. Bir kimseyi, bir durumu yorumlarken yorumladığımız şeyin aslında o kimse/durum üzerinden kendimiz olması, yorumlarımızın başkalarından ziyade kendimizle ilgili olması da bu yüzden. Psikoterapistin yaptığı, danışanına akıl vermek değil, onun kendi kendisiyle konuşmasına vasıta olarak yalnızca o kişinin içinde olan, yalnızca o kişinin bilebileceği çareyi onun bulmasına vesile

---

[76] Çok sevdiğim Alman psikolog Wolfgang Giegerich'in *The Neurosis of Psychology* (Psikolojinin Nevrozu) ve *The Soul Always Thinks* (Ruh Her Zaman Düşünür) kitapları, bu konuda harika çözümlemeler içeriyor.

[77] Batı'da, aslında paradoksal da olan, psikologların sıklıkla alıntıladığı şöyle bir söz var: "Change occurs when one becomes what he is, not when he tries to become what he is not." Yani "Değişim, kişi olmadığı bir şey olmaya çalıştığında değil, zaten olduğu şeye dönüştüğünde yaşanır."

olmaktır. Sizi terapist iyileştirmez. Terapist, en azından iyi terapist, insanı sadece kendi kendisinin iyileştirebileceğini bilen ve buna çalışan kimsedir. Winnicott'ın da dediği gibi, terapide danışanlar sadece ve sadece kendilerinin keşfettiği bir gerçeklikten fayda sağlayabilirler. Nitekim zaten hiç kimseye, kendisinin görmediği bir şeyi gösteremezsiniz.

Dış'taki bir Tanrı inancıyla dua eden kimse, bu Tanrı'nın her şeyi, kendisinin bütün istek ve ihtiyaçlarını, söyleyeceği her şeyi de zaten o daha söylemeden bilen bir yüce güce seslendiğine inanır. Bu gücün duaya ihtiyacı yoktur. Keçilerin kanına, taşlanmış insanlara ve boğazlanmış çocuklara ihtiyacı olmadığı gibi. Yani klasik monoteist inançtaki bir kimse için bile dua, bir güçten bir şey talep etmek değil, arzuların iletilmesi değil, insanın dinî bağlamda kendi kendisiyle kurduğu iletişimi derinleştirme, kuvvetlendirme çabasıdır; psikoterapi gibi, kitap okumak gibi, masal dinlemek gibi, insanın kendi kendisiyle konuşmasıdır. Yunus'un duasının, içinde bulunulan ve Yunus'un şahsi gücüyle değiştiremeyeceği durumu dışarıdan, yukarıdan, yüce bir güçten değiştirmesi talebi olmaması, buna iyi bir örnek.

Yunus'un duası, dinlerin "teslimiyet" adını verdiği şeye de güzel bir örnek. İbrahim'in "kendisinden bir başkası" olan İsmail'in boynuna bıçak dayamasını "teslimiyet" olarak nitelendirmek ve bu gerekçeyle meşrulaştırmak ise doğru değil. Teslimiyetin, ruhsal güçlenmenin ve tekamülün nesnesi "sizden bir başkası" olamaz ve bunlar "sizden bir başkası" üzerinden gerçekleşmez. Bir insanın hayatının merkezi, o insanın kendi hayatındadır. Hayat esas olarak kendi içimizde ve başka hiçbir yerdedir. Tarihteki büyük imamlardan birinin (zannederim İmam-ı Gazali idi) "Sahip olduğumuz en değerli şey nedir?" sorusunu çoğunluk, "İman" olarak yanıtlar. "Hayır," der imam; "Sahip olduğumuz en değerli şey, iman değil hayattır. Nitekim hayata sahip olmasaydık iman da olmayacaktı, bugün bunları da konuşabiliyor, düşünebiliyor olmayacaktık." Her şeyi dışsal düşünen birinin bunu anlaması kolay olmayabilir, ama soyut anlamda da hayat, Tanrı'nın kendisi olarak yorumlanmıştır. Jung'un "çocuk"a Tanrı (God) demesi, bununla çok ilişkili. Yaratıcı, kendi içimizdeki yaratıcıdır.

Gücün iç'te ve dış'ta olmasına bir örnek daha vereyim. Cizvit papazı olan, Hristiyan etiği profesörü arkadaşım John C. Haughey, bağışlanma üzerine dua eden yahut tövbe eden insanın bağışlanıp bağışlanmadığını bilebileceğini söylemişti. John "Cevabı çok basit. Kişi bağışlanmayı talep ettiği şeyi bir daha yapmıyorsa, o zaman bağışlanmıştır." diye açıklıyor bu durumu. Bu bakış açısı, Tanrı'yı içte tanrılaştıran, gücü ve kontrolü iç'te toplayan bir başka örnek.

Evet, konuşmak, her zaman "öteki" ile konuşmaktır ve her tür iletişim "öteki"nin varlığının kabulü üzerinden gerçekleşir;[78] ama bu "öteki" esasen, kendi içimizdeki "öteki"dir. Değişmek, ilerlemek, tekamül etmek, kendi içimizdeki "öteki" ile irtibat kurarak olur. Kendi bütünlüğümüze ulaşmamız ancak, halihazırdaki varlığımızın zıttına erişerek mümkündür. Sadece şu an olduğumuz insan olmadığımızı, olma ihtimalimiz olan insanların her birini de potansiyel hâlinde içimizde taşıdığımızı (ve bu "potansiyel"in sembolik "çocuk" anlamına geldiğini) *İyi Aile Yoktur*'da anlatmaya çalışmıştım. Gerçek anlamda ilerleme kat etmek, kendimizi kendimizden yaratmak, özetle, yaratıcılık, kendi içimizdeki "öteki" ile kurduğumuz iletişim üzerinden, daha önce olmadığımız insana dönüşmek suretiyle vuku bulur.

Ronald Britton ve "Öteki Oda" Kavramı

İngiliz psikanalist Ronald Britton'ın "the other room" (öteki oda) kavramını çok severim.[79] Burada bu kavrama onu biraz

78 Nitekim cinsel ilişkinin de bu anlama geldiğini ikinci bölümde açıklayacağım

79 Bkz. Ronald Britton, "The Other Room and Poetic Space", Bölüm 10, *Belief and Imagination: Explorations in Psychoanalysis* içinde, Londra & New York: Routledge, 1999, s. 120-127.

değiştirerek ve basitleştirerek değinecek ve kendi zaviyemle yorumlayacağım, ama en güzel odanın "diğer oda", "karşı oda", "dışarıdan seyrettiğimiz oda", en güzel partinin çağrılmadığımız parti olduğu, o en güzel partiye çağrıldığımız takdirde de bu sefer yan odadaki partinin en güzel parti hâline geldiği hissiyatı, az veya çok herkese aşinadır. "Öteki oda" (the other room) sendromu, çocukluk (özellikle de bağlanma) döneminde "merkez"in içimizden dış'a taşınmış olmasından kaynaklanıyor.

Merkez, olması gerektiği gibi içimizde kalsaydı, biz nereye adım atsak dünyanın merkezi orası olurdu. Bir çocuğun, merkez'i içinde hissetmesi için, onun olumlu olumsuz bütün hislerini, tercihlerini olduğu gibi kabul eden, sevgiyle onaylayan, ona dışarıdan iç'te olmayan bir şeyi dikte etmeye çalışmayan ebeveynleri olması gerekir. Küçük bir bebek o pozisyonda durmak istemiyorsa ama annesi onun bu isteğini hiçe sayarak bebeğini kucağında kendi istediği şekilde tutuyorsa, küçük bir çocuk veya bebek sıcaktan bunalıyor, ama anne/baba çocuğun aslında üşümediği gerçeğini hiçe sayarak onun üzerine yine de hırka giydiriyorsa, çocuğun merkezi iç'te kalamaz. İç'teki hislerle dış'tan gelenin birbiriyle uyumu, merkezin iç'te inşası için elzemdir. Yüzüstü yatmak istediği hâlde sırtüstü yatırılan küçük bir bebek, doyduğu hâlde yemeye zorlanan çocuk, iç'te bir terslik olduğunu düşünür ve doğruyu bulabilmek için dış'a bakmayı öğrenir. Bütün cevapları bilen bir anne/baba, bütün cevapları bilen bir uzman, terapist, bütün cevapları bilen bir dış Tanrı imgesi, merkez'in iç'ten dış'a taşınması sonucudur. Cevaplar her zaman bizim içimizdedir. Dış yoluyla yaptığımız sadece, kendi içimizde zaten var olan, kendi içimiz dışında bir yerde var olması zaten imkânsız cevabı açığa çıkarmak olacaktır.

Saplantılı aşkı, merkezi iç'ten dış'a taşınmış kimsenin, kendi merkezini bir başka kişiye atfetmesi olarak düşünebiliriz. *İyi Aile Yoktur*'da, kimsenin kimseyi tamamlayamayacağına, iki kişinin sağlıklı bir ilişki yürütebilmesi için önce kendilerini kendi içlerinde tam hissetmeleri gerektiğine, yalnızlığını kuramayan kimsenin sağlıklı ilişki kurmasının da zor olduğuna değinmiştim. Bu söylemi "merkez" fikriyle yeniden yorumlarsak, kendi çocuğumuz dahil herhangi biriyle ilişki kurarken merkezimizin iç'te kalmasının ideal olacağını, nitekim çocuğumuzla ilişki kurarken de amacımızın, çocuğumuzun merkezini kendi iç'inde en güçlü şekilde inşa etmesi olması gerektiğini söyleyebiliriz. Nitekim hem bu kitabın hem de *İyi Aile Yoktur*'un temel tezi, bütün sorunlarımızın kökeninde merkez'in çocuğun ve birey'in iç'inden dış'a taşınmasında yattığı. Merkez iç'te ne kadar güçlü olursa, çocuk yahut birey dış'ta vuku bulan şeylerden o kadar az etkilenir ve dış'la o kadar sağlıklı ilişkiler kurar.

Tanrı'nın İnsan Eliyle Ölümü

Otorite, kitlelerin merkezinin iç'te değil dış'ta olmasını ister; bu sayede, dış'a bağımlı, attığı adımlar için dış'ın onayına ihtiyaç duyan, inisiyatif alamayan, kendisinin ne istediğini anlamak için bile dış'ta otorite atfettiği mercinin iki dudağının arasına bakan, bağımsız düşünemeyen, bağımsız hissedemeyen, bağımsız hareket edemeyen kitlenin kontrolünü elinde tutar ki otoritenin bu arzusunu yerine getirmesi için "aile" kurumu mükemmel bir vasıta işlevi görür. Aileler, kurumsallaştırıldıkları ve kutsallaştırıldıkları andan itibaren, otoritenin bu arzusunu icra eden uzantılarına dönüşürler.

Kitle psikolojisini çok güzel analiz eden Jean Baudrillard *Sessiz Yığınların Gölgesinde: Toplumsalın Sonu* kitabında "Kitleler her zaman için bir Tanrı düşüncesi yerine bir Tanrı imgesini yeğlemişlerdir."[80] diyor. İmge, düşüncenin aksine, cansız, donmuş ve hareketsizdir. Bir şeyin gerçek olması için imgesinin canlanması, hareketlenmesi gerekir. İşte, düşünce,

---

80 Doğu Batı Yayınları, Fransızcadan çeviren: Oğuz Adanır, 2006, s. 14

imgenin canlanmasıdır; imge hareket edebildiği ölçüde yaşar ve imge durduğu anda o da kendisini donmuş imgeye hapsederek ölür. Kurban kıssasını bir imgeye hapsetmenin hem onu hem kendimizi öldürmemiz demek olması bununla derinden ilişkili. Tanrı, varoluşun bizzat kendisidir. Tanrı, Doğa'nın güzel ve çirkin yanının, vuku bulmuş iyi ve kötü her şeyin toplamıdır. İnsanlar Tanrı'yı putlaştırarak o tanrıyı kendi elleriyle öldürdüler. "Tanrıdan çok Tanrıcı" kitle, Tanrı'nın ölümünden neden ve nasıl mesul olduğunun da canlı, hareket eden cevabı.

Tanrı'dan bahsederken bahsettiğimiz şeyin Tanrı'nın kendisi mi yoksa Tanrı imgesi mi olduğu, bu ayrımı nasıl yapabileceğimiz, Jung'un ve takipçisi düşünürlerin de sıklıkla üzerinde durduğu bir konu. Jung *Mysterium Coniunctionis* kitabında "Hakiki şeylerin hepsi değişmelidir; nitekim sadece değişen şeyler hakiki kalabilir."[81] yazar. Kierkegaard, hakikatin, yalnızca birey onu hareket içinde üretebildiği sürece var olabildiğini anlatmıştı. Estetisyen Morris Philipson'ın *Outline of a Jungian Aesthetics* (Jung Estetiğinin Çerçevesi, 1963) kitabında söylediği gibi, "*Hareket eden* her şey gerçektir."[82]

İslamiyet, Hristiyanlık, Yahudilik gibi dinleri, diğer bütün dinler gibi, soyut algılamak gerek. "Müslümanlar" sözcüğü, "biz" sözcüğü gibi -her ne kadar bu sözcükleri kullanmak durumunda kalsak da- aslında vehimdir; dünyada kendisine "Müslüman" diyen kaç adet insan varsa o kadar Müslümanlık vardır. Bu insanların her birinin zihinlerinde yarattıkları Tanrı ayrıdır. Çoğunlukla yaratılan, Tanrı düşüncesi değil, Tanrı imgesidir. Nitekim derdi Tanrı imgesi değil Tanrı düşüncesi olan hiç kimse farklı söylemler karşısında öfkelenmez. Problemlerin kaynağı, Tanrı imgesine, düşünce gibi gerçek ve canlıymış muamelesi yapılması. Bu durum, imgeye

[81] Orijinali: "All true things must change, and only that which changes remains true." Kaynak: Jung, *Mysterium Coniunctionis*, 1963, CW 14, par. 503

[82] Orijinali: "Everything that *acts* is actual." Kaynak: *Outline of a Jungian Aesthetics*, Northwestern University Press, s. 84

sıkı sıkı sarılan kimselerle iletişim kurabilmemizi de önlüyor. Halbuki saydığım dinlerde temel olan "Tanrı'nın nasıl olduğu bilinemez." düşüncesi, sabit bir Tanrı imgesi yaratıp sonra ona gerçekmiş muamelesi yapmaya son derece ters düşen bir durum.

Fahişeliğin Tarihi (Jess Wells) ve Günah Keçisi Olarak Fahişeler

M.Ö. 504 yılında Atina'da devlet, ailelerinden kaçırılmış ya da köle tacirlerinden satın alınanlardan, Asyalı kölelerden ve savaş esirlerinden oluşan kadınları seks kölesi olarak kullanmak üzere bir eve kapattı ve bu kadınlarla birlikte olan erkeklerden alınan paralarla Yunan ordusu yapılandırıldı. Bu, Atina'daki ilk resmî genelevdi. "Solon, genelevleri işletmeye açtığı için 'devletin kurtarıcısı' ilan edildi. Çağdaşları tarafından, bir 'velinimet', 'kötülükleri ve kargaşaları önleyen' bir adam gibi görülerek övgüler yağdırıldı. ... Solon'un kadınları pazarlama sistemi devlet için son derece kazançlıydı."[83]

Benzer şekilde Kilise de, yüzyıllar boyunca, seks kölesi olarak çalıştırdığı kadınlardan para kazanmayı sürdürdü. Katolik rahiplerin evlenmeme yemini 1100'lerde yürürlüğe girmiş, rahiplerin, kaldıkları alanları temizleyen, yemeklerini yapan ve bu rahiplerle ilişkiye giren, "kapatma" denen, Kilise'nin kölesi kadınlarla yaşaması ise 1129'da I. Henry'nin Londra'da topladığı Büyük Kurul'dan çıkan kararla yasaklanmıştır.

> "Gelgelelim, kral bu alanın çok kârlı bir kaynak olduğunu hemen fark etmişti. Onun başpiskoposları kandırıp sayısız papazdan para alarak kapatmalarını tutmalarına izin verdiğini okumak pek şaşırtıcı olmasa gerek." 14. ve 15. yüzyıllara kadar kapatma tutmak için papazlara verilen izin

[83] Jess Wells, *Batı Avrupa'da Fahişeliğin Tarihi*, Çev: Nesrin Arman, Pencere Yayınları, 1997, s. 14-15.

belgeleriyle yine onlardan alınan vergiler inanılmaz bir para sızdırma düzenini oluşturmuştur. I. Henry'nin varisleri de bu izin sistemini korumuş, 6. Henry işi daha da ileri götürerek papazların kadınlarını kaçırtıp fahiş meblağlarla yeniden onlara satmaya vardırmıştır. "Bu zorbalık zaman içinde kurumlaştı ve öylesine gelir getirir öyle ki, pek çok piskopos durumu görmezden gelmeye başladı." Fransız ve Alman piskoposlar ister bir kadın olsun ister olmasın tüm papazlardan vergi topladılar. Bu zorba sistem 1500'lere dek sürdü.

St. Paul Katedrali'nin papazı ve Ruhani Meclisi, 1287'de fahişeler için mülkler kiraladı. 1321'de, özel bir temsilci, kilise adına bir genelev satın almak üzere Papa 5. Clement tarafından İngiltere'ye gönderildi. 1309'da Strasbourg Piskoposu gelirini arttırmak için bir genelev kurdu. Mainz Başpiskoposu 1457'ye kadar genelevleri haraca bağladı. Öyleki, Leonhard Manastırı'nın Mainz kapısının yanında bir genelevi bile vardı. Yüzyıllar boyunca, genelevler bulundukları kentleri zenginleştirdi, dini otoriteler kâr payı konusunda birbirlerine düştüler, 1533'te Fransa'nın Lausanne kenti sakinleri, ruhban sınıfının kentteki genelev yüzünden rekabete girişmelerinden şikayetçi oldular.[84]

Jess Wells'in ilginç çalışması *Fahişeliğin Tarihi* (*A History of Prostitution in Western Europe*, 1982), kadınların yüzyıllarca nasıl sömürüldüğüne dair akıl almaz bilgilerle dolu. İlginç olansa, kendi rızaları dışında genelevlerde tutulan, erkeklerle ilişkiye zorlanan, kendilerinden elde edilen gelirler paylaşılamayan, bunlarla şehirler kurulan, gemiler ve binalar inşa edilen kadınların, "fahişe" oldukları gerekçesiyle gördükleri muamele.

---

[84] A.g.e., s. 27

> Napoli Kraliçesi Joanna, kenti Roma Katolik Kilisesi'ne vermeden önce 1347'de -kilise elbette İsa'nın hazinelerini arttırmaya yardımcı olduğu için genelevi korudu- bir kent genelevi açmıştı. Kadınların günün hiçbir saatinde sokağa çıkmalarına izin verilmiyordu. Caddede dolaşırken görülen kadınlar davullar eşliğinde omuzlarına kırmızı bir nokta kondurularak kent içinde dolaştırılıyor, sonra da özellikle ilk suçluysa herkesin ortasında kamçılanıyor, ardından ikinci seans için geneleve götürülüyordu. Toulouse kenti kent fahişelerini ve gezgin fahişeleri üniversite kurmak ve kent giderlerini karşılamak üzere kullandı.
>
> ... 1234'te Avignon'da bir fahişenin peçe takmasına izin verilmezdi; pazaryerinde dokunduğu herhangi bir yiyeceğin kirlendiğine inanılır ve yasaya göre bunu almak zorunda bırakılırdı.[85]

Halk ne kadar "dindar ve ahlaklı" görünüyorsa bir çocuğun yahut kadının geneleve düşmesi o kadar kolay, geneleve düşmesiyle birlikte görmeye başladığı muamele o kadar korkunç oluyor. Nitekim bakire ve çocuk fahişe ticaretinin Viktorya döneminde zirveye ulaşması rastlantısal değil. Ergenliğin bugün olduğundan çok daha geç yaşlarda başladığı Viktorya döneminde İngiliz yasalarına göre cinsel ilişkiye rıza yaşı 12 ve çocuk tecavüzü failleri sıklıkla suçsuz bulunuyorlar. Bir genç kızı "kirletmek" ve sonra indirimli fiyatlarla Avrupa genelevlerine satmak, o dönemdeki kolay kazançlardan.

> "Kaçınılmaz olarak tecavüzle yüz yüze gelen kızların bazıları durumu kabulleniyor, bazıları ise tutulup kayışlarla dövülerek ırzlarına geçilirken mücadele edip çığlıklar atıyorlardı. Çok genç olanlara ise bazı zamanlar kloroform koklatılıyordu."[86]

[85] A.g.e., s. 35

[86] Michael Pearson, *The Age of Consent: Victorian Prostitution and Its Ene-*

> Bakire ticareti işinde olanların çoğu genelevler için çalışmıyordu: kızlar ya evlerine ya işverenlerine geri gönderiliyor, zaman zaman da işçi sınıfı kızları ana babaları tarafından ilk geceleri için satılıyorlardı. Ama diğerleri için, ilk tecavüz sonrasında, tam gün fahişelikten başka bir yol kalmıyordu. Aileleri onları kabul etmez, mahkemeler söylediklerine inanmazdı ve *Victoria dönemi toplumu tecavüz ve fahişeliğin adını bile ağzına almıyordu.*[87]

Kadını "melek/anne" ile "fahişe"den oluşan iki zıt kutuptan birine ait görme, bu iki grubu birbirinden keskin çizgilerle ayırma eğiliminden bahsetmiştim. "İyi aile kızı", "eşine ve çocuklarına bağlı, namuslu kadın" kategorisindeki bir çocuk yahut kadın, babası, kocası, kötü niyetli bir "muhbir" tarafından kolaylıkla diğer kategoriye düşürülebiliyordu. Otoritenin güçlü olduğu her zamanda ve coğrafyada olduğu gibi Viktorya dönemi İngiltere'sinde de "fişleme" yaygındır ve kadınlar, *erkeklerden aldıkları* zührevi hastalıklardan mesul tutulurlar.

> ... bir şef, yeni ahlak ekibinin müfettişi ya da bir doktor, muhbirin "genel fahişe" olduğuna *inandığı* herhangi bir kadını sırf bu bilgiye dayanarak Sulh yargıcına şikayet edebilirdi. "Genel fahişe" deyimi tamamen muhbirin tanımlamasına bağlıydı; yasa bunun ayrımını yapmamıştı. Yargıç ihbar üzerine kadının derhal doktor denetiminden geçmesi için bir celp çıkartırdı. Kadın bunu reddederse, tutuklanıp bir Zührevi Hastalıklar Hastanesi'ne gönderilir ve zorla muayene edilirdi. Zührevi hastalık tanısı konulursa, kadın, yargıç izin verinceye kadar alıkonur, hastane onu üç aya kadar tutabilirdi. Muayeneye karşı direnmek ya da hapishane benzeri hastanede kötü davranışlarda bu-

---

mies (Cinsel İlişkiye Rıza Yaşı: Viktorya Dönemi Fahişeliği ve Düşmanları), David ve Charles Newton Abbot, 1972, s. 31

87 Wells, a.g.e., s. 63, italik bana ait

lunmak bir ay ve sonraki her suç için iki ay hapisle cezalandırılırdı. Eğer kadın adet görüyorsa, bu sürenin sonuna kadar hapsedilirdi. Haftada ortalama 52 kadın sırf aybaşı hâli nedeniyle Zührevi Hastalıklar Hastanesi'nde tutuluyordu.[88]

Ahlak ekibi kentin yoksul kesimleri ve işçi sınıfı içinde çalışan düzenli bir casusluk sistemi hâline geldi. "Erkek arkadaşlarıyla flört eden hiçbir genç kız gölgelerin arasından sivil polisin çıkıp onu muayeneye götürmeyeceğinden emin olamıyordu." Hatta Metropolitan Polis Şefi Albay Henderson, "hizmetçilik ve buna benzer konumlardaki genç kadınlar doğrudan doğruya ilgili yasalara göre görevlendirilmiş polislerce akşam karanlık bastıktan sonra görüldükleri her yerde erkek arkadaşlarıyla vedalaştılar," açıklamasını yapmıştı. "Zaten asker kasabalarındaki kadınlar, kara paraya alışmış polis yetkilileri ve diğerleri tarafından yıldırılıyorlardı."[89]

Davenport Hastanesi'ndeki dört cerrah Benjamin Scott'a "zührevi hastalık belirtisi olmayan sayısız kadının hastanelere kabul edildiğini" belirttiler. ... [Y]ıllar geçtikçe kadının zührevi hastalığı olup olmadığı doktorların kişisel kararlarına kaldı. Madeni aynalar ve diğer aletler, doktorların ellerini yıkama adetleri olmadığından sterilize değildi; temizlenmeden o kadından diğerine dolaşıp duruyordu ve bu nedenle zorunlu muayene zorunlu enfeksiyon sonucunu doğuruyordu. Her muayene 30 saniye sürüyor, yarım dakika bir kadının yaşamının yönünü belirleyiveriyordu.[90]

Konu ister fahişelik olsun ister bir başka şey, toplumun kendisine günah keçisi bulma dürtüsü hep aynı şekilde çalışıyor.

88 A.g.e., s. 68, çeviri düzeltilmiştir.

89 A.g.e., s. 69.

90 A.g.e., s. 72.

Katolik rahiplerin "namuslu" kadınlara dokunmazken manastır girişindeki genelevdeki kadınlarla istedikleri gibi ilişkiye girmelerinin günahtan sayılmaması, bu kadınların kirlenirken onlarla birlikte olan rahiplerin -ve tabii başka erkeklerin- temiz, saygın, hatta kutsal kabul edilmesi, zihnimizde yarattığımız herhangi bir gerekçeyle günah keçisini suçlu, ve bir günah keçisi yaratmış olmak sayesinde kendimizi de temiz görebilmemizin psikolojik dinamiklerinin de resmi aslında.

"Piyango" öyküsünde Tessie Hutchinson'ın taşlanmasının gerekçesi, kuranın kendisine çıkmasıydı. Köy halkı, piyangosuz bir hayat düşünemiyordu ve piyangonun gereği, kurayı çeken kişiyi öldürmeyi içermekteydi. Bu gerek, Bayan Hutchinson'a yapılan kötülüğü meşrulaştırma görevi görüyordu. Bugün insanların yaşamlarını taşlarken, sakatlarken, işlevsiz hâle getirirken, *aynı* asılsız gerekçelerle hareket ettiğimizin ve bu tamamen asılsız gerekçeleri "Piyango" halkı gibi koruduğumuzun farkında değiliz. Başka türlü hayatlar düşünemiyoruz diye, şimdiye dek hep böyle yaşandı diye, kendimizi, çocuklarımızı ve etrafımızdakileri zihnimizdeki hayatın imgesine uydurmaya çabalıyoruz.

Viktorya döneminde seks kölesi olmaya zorlanmış kadınların hayatlarını okurken onlar için ne kadar çok üzülüyoruz, değil mi? Peki, kadın veya erkek olalım, şimdi içinde yaşadığımız hayat, onlarınkinden ne kadar özgür gerçekte?

İkinci bölümde, bu soru üzerinde daha çok düşünelim isterim.

II. BÖLÜM: BAŞKALARI İÇİN YAŞAMAK

Türk Kızları, Saray Hizmetçisi Olmak Üzere Yetiştirilir

2005'te bir grup Amerikalıyla birlikte, İzmir'in varlıklı, muhafazakar ailelerinden birinin evine ziyarete gitmiştik. Aile son derece heyecanlıydı ve misafirlerini en iyi şekilde ağırlamak için çok özenmişlerdi. Tüm detaylarıyla hazırlanmış akşam yemeği evin kadınları ve genç kızları tarafından servis edildi. Yemeğin ardından salona geçtik. Ailedeki erkekler salonda bizimle oturuyor, sohbet ediyorlardı. Kadınların çoğu mutfakta, tatlı ve meyve hazırlamakla meşguldüler. Hazırlanan tabaklar evdeki genç kızlar tarafından servis edildi. Evin genç, yaşlı erkekleri misafirlerle konuşurken kızlar tabakları getirip götürüyor, salondakilere kolonya, şekerleme tutuyor, boşalan bardakları doldurmak, tabakları almak için tetikte bekliyorlardı. Ailenin kadınlarından herhangi biri yanımızda oturmaya, sohbete karışmaya teşebbüs etse de bu, yoğun ikram trafiğinden dolayı birkaç dakikadan uzun süremiyordu.

Oradan ayrıldıktan sonra Amerikalı dostlarım kadınların evdeki konumuna çok şaşırdıklarını ifade ettiler. "Erkekler otururken onlar sürekli hizmet ediyorlar. Sanki ev halkı sadece erkekler de kadınlar orada hizmetçi," diyorlardı; "Bir tek hizmet etmek için oradalarmış, hizmetçilikten başka hiçbir vasıfları yokmuş gibi."

"Neden böyle? Bu kadınların evde erkeklere hizmet etmekten başka meşguliyeti yok mu?" diye soruyorlardı. Gördüklerinin üniversite mezunu, çalışan veya halen okuyan kadınlar olmalarına hayret ediyorlardı.

Bahsettiğim aile yabancı misafirlerini hoşnut etmek için elinden gelenin en iyisini yapmaya çalışmıştı. Nitekim kadınların, misafirlerin yanında oturmaya fırsat bulamayışı da bu çabanın bir parçasıydı. Kendilerine göre, kızlarının bize durmaksızın ikramda bulunması bizde misafire verilen değeri, gösterilen saygıyı ifade ediyordu. Ancak o gece oradan ayrıldıktan sonra Amerikalı konuklardan hiçbiri ikramların güzelliğinden, çeşitliliğinden bahsetmiyordu. Hepsinin zihni, geceyi ikramları servis etmekle geçiren kadınlara takılmıştı. Kadınların sırtında böyle bir yük olmasını ve herkesin bunu doğal karşılıyor görünmesini akılları almıyordu. Ziyaretine gittiğimiz aile, Türkiye'nin önde gelen ailelerinden biriydi; fakat o aileye mensup kadınlar, içinde yaşadıkları büyük villanın hanımı olmaktan ziyade o villanın yükünün altında ezilmişlerdi, ve evlerinde ücretli olarak yardımcı çalıştırıyor olmaları, o yardımcıların da o akşam orada bulunması bu gerçeği değiştirmiyordu. Marilyn French'in *İyi Aile Yoktur*'da örnek verdiğim *Kadınlara Mahsus* (The Women's Room) romanı da, kadınların, kocalarının kazandığı para arttıkça, ne kadar büyük bir evde oturuyorlarsa, hatta evde ne kadar çok hizmetçileri varsa yüklerinin de o kadar arttığını, ev işiyle o kadar dolu bir yaşam sürdüklerini çok realist bir bakış açısıyla anlatır.

Amerikalı gruptaki rahip arkadaşım John Türkiye'den ayrılırken bana "Ne yaparsan yap, sakın bir Türk'le evlenme." demişti; "Sen bir hizmetçiden çok daha fazlasısın."

O zamanlar yetmiş altı yaşında olan ve kendi gençliğinde bile kadınların bu denli sadık hizmetçiler olduğuna şahit olmamış John'ın bu sözle göz ardı ettiği şey, sadece benim değil, her kadının Türkiye'de kendisinden olması beklenen hizmetçiden çok daha fazlası olduğu. Bir zamanlar patiska nevresimlerini gün aşırı değiştiren –ve tabii özenle ütüleyen; iç çamaşırlarını, havluları ve aklınıza gelebilecek her şeyi özenle ütüledikleri gibi–, her misafire ayrı peçete kolalayan ve çok sık yemek daveti veren, her yemek davetinde ve aslında her gün, büyük bir masaya sığmayacak çeşitte yemek yapan, başkalarını memnun etme telaşları gece gündüz bir an sona ermediği için kalpleri fazla erken yorulan annem ve anneannem ve bu asla bitip tükenmeyecek işlerin girdabına bu işler asla bitip tükenmeyeceği hâlde gark olan bütün kadınlar, ta kendisiymiş gibi davrandıkları hizmetçiden çok daha fazlasılar, ve fazlasıydılar.

Bizim kültürümüzde kızlar küçük yaştan itibaren, evde kendileri dışında gelişen her detayın sorumluluğunun onlara ait olduğu duyurularak, ve düzgün olmayan yahut eksik her şeyden utandırılarak yetiştirilirler. Anneannem bana sekiz-dokuz yaşlarından itibaren sürekli, bir evin perdesi düzgün değilse dışarıdan geçen herkesin o evde yaşayan kızı ayıplayacağını, biri eve gelir de herhangi bir eşyanın kenarında birkaç toz tanesi fark ederse, annemi değil, artık büyüdüğüm için beni ayıplayacağını, arkamdan "Bu evde yaşayan kız ne kadar da pasaklıymış böyle..." diye konuşacağını ve gördüğü şeyi herkese söyleyeceğini ve herkese bunları konuşmakta haklı olacağını, bu kişinin konuştuğu kişilerin de "Ay, demek o evde havlu iyice ütülenmemişti; o evde yaşayan kız ne kadar da pasaklı bir kızmış böyle!" diyerek duyduklarını başkalarına anlatacağını, evin durumuna dair akla gelebilecek her şeyin artık benim sorumluluğumda olduğunu söylerdi. "Bir anneanne torununun kötülüğünü istemez. Ben senin iyiliğin için, hakkında böyle konuşmasınlar diye seni uyarıyorum." derdi. Amacı, "kadınlık görevi" dediği şeyin bilincini bana yerleştirerek annemin mümkün olduğunca az iş yapmasını sağlamaktı ve bu amaca giden her yolun mübah olduğunu, zaten bana görevine sadık bir hizmetçi bilinci aşılayarak iyilik ettiğini düşünüyordu; ama söylediklerinin, bir çocuğun, hatta bir çocuk değil, herhangi bir insanın tek başına başarmasının imkânsız şeyler olduğunun aslında kendisi de farkında olsa gerek. (Nitekim ev işlerini annem ve anneannem gibi yapan kadınların, çok samimi söylüyorum, beş değil on hizmetçileri olsa dahi işlerinin bitmesi imkânsız.) Bunları hafifletilmiş şekilde de olsa annemin yanında da söylediği zamanlar oluyordu; annem de sesini çıkarmadığı için, bu sözlerin her kelimesine yıllarca inandım. On bir yaşında bir çocukken sabah kalkıp gece yatana kadar her gün hiç durmadan köle gibi çalıştığım zamanlarda bile ne suçluluk duygum ne de suçlanma korkum bir an diniyordu; zaten bana, yaptığım işin hiçbir şey olduğu söyleniyordu, ailem dışındaki kimselerin de benzer sözler sarf etmesine yahut nasıl, ne kadar çalıştığımı yorumlamasına, notlandırmasına, ölçüp biçmesine ve bana tavsiyede bulunmasına izin veriliyordu. Çocuk işçi olarak bir fabrikada çalışsaydım çok daha az iş yapacak, elimdeki paranın tamamına el konulsa bile, kendimi suçlu değil, çalışmış hissedecek, çok daha fazla saygı görecek, çok daha az duygusal tahribat yaşayacaktım.

Çok küçük yaştan itibaren aile büyüklerinden işittiğim sayısız tembihler her Türk kızına aşinadır, ama buraya birkaçını yazayım:

"Bir kız pire gibi olmalı. Bir an oturmamalı; etrafında bir eksik, karışıklık gördüğünde hemen koşup onu düzeltmeli."

"Bir kızın gözü her an her yeri görmeli. Birinin çayı mı bitti, bir kız onu anında fark edip yenilemeli. Birinin tabağı mı bitti, bir kız tabağı anında fark edip onu almalı. Kimseyi bekletmemeli. Birine bir bardak su mu getirdi, kız bardağı geri götürmek için, suyu içen kişi suyu bitirene kadar başında beklemeli."

"Bir kız ses çıkarmamak için parmak uçlarına basarak yürümeli. Kızlar çıt çıkarmadan iş yapmalı. Örneğin masaya tabağı yavaşça koymalı, ki yapılan işten kimse rahatsızlık duymasın. Bir kız sürekli etrafta dolanmasına rağmen yapılan işi kimse fark etmemeli."

Kızların misafire ve bilhassa erkeklere yaptığı bu muamele

dünyanın hiçbir yerinde yoktur. Bizlerdeki tedrisattan geçmiş her kız Buckingham Sarayı'nda kolaylıkla hizmetçilik yapabilir. En lüks restoranlarda lordlara servis yapan garsonlar bile boşalan su bardaklarını doldurmakta Türk kızları kadar atik ve mahir değildir. İngiliz malikanelerinde yemek boyunca masanın etrafında bekleyen uşaklar, hizmette kendilerine herhangi bir Türk kızını örnek alabilirler. Öyle tahmin ediyorum ki kraliçenin bile, o ayakkabılarını çıkartır çıkartmaz onları düzeltmek için bizdeki gibi hazır bekleyen bir hizmetçisi yoktur.

Türkiye'de kızlar, bir günlüğüne kraliçe olacakları bir töreni idealize ederek, onlara söylendiği gibi o günün "ömürlerinin en mutlu günü" olacağına gerçekten inanarak yetiştiriliyorlar. Halbuki kendilerinin de başkalarının da o törenden sonra onlar için öngördüğü hayat, kraliçenin hizmetçisinin hayatı. Sarayın büyük, eşyaların güzel olması, bu gerçeği değiştirmiyor. Bizde Külkedisi masalı tam tersinden yaşanıyor.

Böyle yaparak, kızlarımızı sözde "evlendikten sonraki hayatları" için eğitiyoruz. Çocuk yahut yetişkin, kız yahut erkek, buna şahit olan herkese, kadınların erkeklerin hizmetçisi olmak için doğduğunu ve büyütüldüğünü, bir kadının hayatının bir erkeğin hayatını kolaylaştırmak için bu şekilde kurban edilmesinin *normal* olduğunu söylüyoruz davranışlarımızla. Kız çocukları sözde görevleri olan hizmetçilik bilincini içselleştirerek büyüyorlar; çünkü onlara öğrettiğimiz şey, kendilerinden menkul bir değerleri olmadığı, değerlerinin, başkalarının onlar hakkında düşüncelerine ve başkalarının onları isteyip istemeyeceğine bağlı olduğu, bir erkeğin ve erkeğin ailesinin, onu bu şekilde davranırsa, onları mutlu ederse ve onları mutlu ettiği ölçüde seveceği, isteyeceği.

Annemin beni raftaki bir mal gibi gördüğünü, beni *biri* olmam için değil, birilerini mutlu etmem için yetiştirdiğini çok küçük yaştan itibaren ta içimde hissediyordum; ancak, hiçbir zaman dile getirmeyeceğini düşündüğüm şeyi bir kez, ben on üç yaşındayken nasıl olduysa dile getirmişti. Açık şekilde ifade edilmesine şaşırdığım şeyi söylerken yüzünde yine o sert, benimle hiçbir şekilde yakınlık kurmayan, beni dışlayan ifade vardı. Tam hatırlayamadığım, ama benimle hiçbir ilgisi olmayan bir olayı ya da durumu anlatmış, sonra birden durup bana karşı o soğuk, eleştirel, beni daha bir şey olmadan suçlayan ifadesini takınarak "İşte bu yüzden," demişti; "bir kız hareketlerine her zaman her yerde dikkat etmeli." Sonra, yine o kızgın ifadeyle, susmuştu. Kastettiği şey, beni oğluna, yeğenine beğenebilecek bir insanın yanında hasbelkadar kötü bir davranış sergileme ihtimalimdi. Bu davranışın nasıl bir davranış olabileceğini muhtemel ki kendisi de bilmiyordu; ama bildiği yahut hissettirdiği şey, hiç farkında olmadan sayısız şekilde kötü davranma ihtimalimin bulunduğuydu. İhtimal o ki o gün kendimi çok hasta hissettiğim için, oturduğum yerden kalkmaya mecalim olmazdı ve birinin boş tabağı –ben orada olduğum hâlde!– sehpada kalırdı. Annemin net olarak hissettirdiği şey, birinin beni o veya bu nedenle ayıplaması hâlinde asla benim değil, şimdiden, beni ayıplayan kişinin safında yer aldığıydı. Ve, beni ayıplayan kişinin haklı ya da haksız olması, o kişinin bilmediği bir durumum, gerekçem olması hiçbir şeyi değiştirmiyordu. "Bir konuda bir kızın gerçekten hata yapması gerekmez. Bir başkasının onun hata yaptığını zannetmesi de yeterli olur." derdi hep annem sertçe, ve bu iki durumu bir tutardı. Yani insanların benim hakkımda kötü düşüncelerinden, o kötü düşünceler ne kadar yersiz, mesnetsiz olursa olsun ben sorumluydum. Ben, zaten, yoktum; başkalarının hakkımdaki düşüncelerinde ve o düşüncelere göre var olan yardımcı unsurdum sadece.

Bir kadının, ancak bir erkek ve o erkeğin ailesi onu isterse, daha sonra da onu istemeye, ondan memnun olmaya devam ederlerse "sevilebilecek" bir insan olabildiği düşüncesi, küçükken içine yerleştirilir. Kadınların canla başla hizmetçilik etmesi bu şekilde sağlanır. Kadın, biliçaltında "İş yapmalıyım.

İş yapmazsam beni sevmezler. Ve o zaman beni sevmemekte haklı olurlar." diye düşündüğünün farkında değildir; o sadece, "Aa, olur mu, kadının görevi ama bunları yapmak!" der; kendisiyle birlikte tüm kadınları da hizmetçilikten sorumlu tutar. Arkadaşım Meryem, kendisi ev işi yaptığı için beni de ev işi yapmaya ikna etmeye çalışır, ben evlenmeden önce, çok güzel, çok eğlenceli bir şeyden bahseder gibi "Evlenince, işte o zaman, işte o zaman evinin perdelerini seve seve yıkayıp asacaksın, seve seve ütüleyeceksin; bunları bir erkek için yapmaktan zevk duyacaksın! Eminim bundan!" derdi. Halbuki Meryem bana bunları söylerken de kendi evimde, bugün yaşadığım gibi yaşıyordum. İnsanlar, evliliğin gerçekten de, sizi kocanıza ve kocanızın ailesine hizmetçi pozisyonuna düşürdüğüne inanırlar. Evliliğin temeli, kadının kocasına hizmet etmesiymiş gibi konuşurlar. Kadın çalışıyor olsa bile bu düşünceleri değişmez. Halbuki kadın, çalışmasa bile kimsenin hizmetçisi değildir, herhangi bir iş yapmak zorunda değildir.

Çocuğun değil de hep anne-babanın yanında yer almamızın nedeninin, çocuğun "sonradan gelen" olmasıyla ilişkili olduğunu *İyi Aile Yoktur*'da anlatmıştım. Gelin de çocuk gibi "sonradan gelen" konumundadır. Damat, "sonradan gelen" değil, varlığı tek başına birey olarak kabul edilebilen kişi olur. "Gelin", "gittiği aileye" uyum sağlamakla övülür; o ailenin bir parçası olarak görülür. Geline, erkeğin ailesinin malı gözüyle bakılmasının, kayınvalidenin gelinin üst'ü olarak görülmesinin, erkeğinse, eşinin ailesi tarafından böyle bir "alt" muamelesi görmemesinin, kadının ailesinin gözünde özerk, yetkin olabilmesinin nedeni budur. Eğitimli bir kadın, gelinine –gelinini güzel şekilde sahiplenir görünerek ve kendisi de güzel bir şey söylediğini düşünerek– "Sen artık bizim soyadımızı taşıyorsun. Attığın her adım da bize ve şerefimize dairdir." dediğini söylemişti. Bunun gibi, gelini aileye kabul eder görünen yaklaşımlar, ne kadar sıcak ve kucaklayıcı biçimlere bürünürlerse bürünsünler, gelini evlendiği kişinin ailesinden aşağı görmeyi, birey olarak kabul etmemeyi, bu genç kadının "aile"ye uyması, hürmet ve riayet etmesi gerektiği düşüncesini ve bu düşüncenin beklentisini içerirler. Kadınların büyük çoğunluğunun evlendiği dönemi psikolojik düzlemde eşinin ailesiyle bir travma olarak hatırlaması, çocukluk travmasından kaynaklanır. Çocukluğunda ailesine tabi olması gerektiği, ancak o zaman sevileceği öğretilmiş kadın, şimdi aynısını eşinin ailesiyle yaşamaktadır.[91] Nitekim bu kitap boyunca söylediğim şeyler, konu ister çocuk ister kadın ister birey olsun, kişinin özne değil, nesne olarak görülmesindeki soruna işaret ediyordu. Gelinin de problemi, hem dünya hem de eşinin ailesi tarafından, özne değil, bu ailenin nesnesi olarak görülmesi. Ne zaman nerede nasıl davranacağı bile, bu kişilerin bakışlarında çoktan belirlenmiş durumda. Çocuğa kendisine ait bir kişiliği yokmuş gibi davranmakla geline önceden getirdiği bir kişiliği yokmuş gibi davranmak, aynı şey.

Elli yaşlarında, kayınvalidesinden yıllarca eziyet görmüş bir kadını dinliyorum. Gördüğü eziyetleri anlatırken dayanamayarak ağlıyor, ama hemen arkasından, kayınvalidesi ölümünden önce bakıma muhtaç hâldeyken ona baktığı senelere değinerek, "Ona hiçbir konuda hakkımı helal etmiyorum. Amaa, seve seve baktım! Bir tek ona yatalakken bakmamdaki hakkımı helal ediyorum!" diyor. Bu, daha önce kadınlardan defalarca duyduğum bir şey. Hayatlarını kendileri için işkenceye dönüştürmüş kayınvalidelerinden nefret ediyorlar; ancak, iş bu kadına bakma görevine gelince, nedense bunu *seve seve*, adeta zevk alarak yapıyorlar. Bir insan, kendisine türlü kötülük yapmış, bir türlü affedemediği birine nasıl zevkle

[91] *İyi Aile Yoktur* kitabımın ismi, çocukluğunda travma yaşamış olduğunun farkında olan kimseler kadar, eşinin ailesiyle sorun yaşamış ve/veya yaşayan kadınların da dikkatini çekti. "İyi aile yoktur" cümlesi bu cümleyi ilk gördükleri andan itibaren kadınlara, eşlerinin ailesinden dolayı çektikleri eziyeti hatırlatmıştı. Aile kurumu kötü tarafını, gizlenmiş biçimlerde çocuklarına olduğu gibi gelinlere de göstermekte çok usta.

bakar? Bunu bu kadınlara soruyorum. İsimleri geçince bile, yaşattıkları acıları hatırlayıp gözyaşlarını tutamadıkları bir kadına bakmanın nasıl ve neden zevk olduğunu açıklamalarını bekliyorum. "Bu, gerçek hissiniz, gerçek isteğiniz olamaz. Kocama hizmet edersem, kocamın ailesine hizmet edersem sevilirim. Bunları yapmazsam kimse beni sevmez diye düşünmüş olmalısınız içten içe." diyorum. "Hayır, asla o yüzden değil. Biz içimizden gelerek, isteyerek, seve seve baktık." diye yineliyorlar.

Ev işleri görevi bilincine bu kör sadakate rağmen, bir kadının yaptığı işler, kadın kaç yaşında olursa olsun herkes için görünmezdir. Köle gibi çalışan ve ne kadar çalışırsa çalışsın ona iş buyururken bir yandan "Aman, çok iş yapıyorsun sanki!" denilen bir başka genç kızı örnek vereceğim. Bu kızın kendisinden üç yaş büyük bir ağbisi var ve bu delikanlının herhangi bir işe ucundan da olsa dokunduğunu görmedim. Hazırlanmış sofraya krallar gibi oturuyor ve sonra da o sofradan krallar gibi kalkıp gidiyor. Sık sık kız kardeşine iş buyuruyor, ancak iş buyururken ya da kız o işi yaparken ona bir yandan da "Aman, iş sanki bu!" demeyi ihmal etmiyor. Mesela "Kalk kız, çay koy bana; bir işe yara bari!" diyor; elindeki poşeti verirken "Al götür bunu da bir işe yara bari!" diyor, kız ağbisine ve arkadaşlarına hizmet ederken, yiyip içtiklerini getirip götürürken arkasından "Götür götür; çok iş yapıyormuş gibi sanki!" diye söyleniyor, "Kalk su getir bana; boş boş oturma bütün gün!" diye söyleniyor, kız yerleri silerken ve o arkadaşlarıyla buluşmak için dışarı çıkmak üzere kızın yanından geçerken "Şuna bak; iş yapıyor da sanki!" diye söyleniyor; yani kız iş yapar durumdayken bile, kızı tembel, işe yaramaz pozisyonuna sokarak kızı aşağılıyor, yaptıklarını hiçe sayıyor, kızdan herkesin duyacağı şekilde şikayet ediyor. Hiç kimsenin bu duruma ses çıkarmaması tüylerimi diken diken ediyor. Birçok evde olduğu gibi bu evde de, ortada bir tabak, bardak olursa, bunun o kızın suçu olduğu düşünülüyor. Kız ortada yokken, ağbinin kendi bardağını mutfağa taşıdığını, sonra annesine, ağır ağır, "Bak, bardağımı kendim getirdim. Tembel rezil görsün de *utansın*." dediğine şahit oldum. Anne hiç sesini çıkarmadı. Sonra ağbi, yine "utanma"nın üzerine basa basa, kendi bardağını getirerek kızın işini kendisinin yaptığını, kızın birazcık utanması varsa artık herhalde yüzünün kızaracağını ve bu olaydan ders alacağını, çok rencide edici birkaç şeyi daha, yine ağır ağır, ortada çok önemli bir durum varmış gibi yineledi. "Kim alır bunu?" da diyor, bardağı mutfağa getirmesinin tek nedeninin kızı utandırmak olduğunu açıkça ifade ediyordu. Anne, yine sesini çıkarmadı. Bu da oğlunu desteklediğini gösteriyordu.

Nitekim bu ağbinin kız kardeşine böyle davranmasının sebebi, annelerinin kıza sürekli iş buyurması, kızın yaptıklarını görmezden gelmesi, kendi kafasında belirlediği ve sonra yetişemediği bitmek tükenmek bilmeyen işlerden kızın ona yeterince destek olmamasını mesul tutması ve bunlardan hem kızın suratına karşı hem de gelen geçen herkese karşı alayla, küçümsemeyle, şikayetle bahsetmesiydi. Kızın ne kadar iş yaptığına şahidim. Buna rağmen, biri kendisine çay doldurmak için yerinden kalkıyordu ve bu anne kahkakayla, kahkahayla, kahkahayla, hatta bu kahkahalarını durduramayarak, birinin kendisine çay koymasının o anda orada bile olmayan kızıyla bir ilgisi varmış gibi, "Ay, ben hiç alışık değilim böyle şeylere! Hiç alışık değilim! Oturun lütfen." diyor, yani her durumda sözü bir şekilde çevirip kızından destek görmemekten dolaylı olarak yakınıyordu. Herkes, mağdurun anne olduğunu zannediyor ve anneyle birlikte eleştirel bakışını kıza çeviriyordu. Halbuki anne kendi kafasındaki hayatı yaşıyor ve uyguluyor, kızı kendi kafasındaki hayata mükemmelen uyamadığı, annenin belirlediği hayatı daha da çok kolaylaştıramadığı için suçluyordu. Herhangi bir insanın, bu mükemmeliyetçi kadının kafasındaki hayata uyması zaten mümkün değildi. Gerçeği görecek kadar zeki bir misafir bu anneye "Kıza çok fazla iş yaptırıyorsun." dediğinde anne çok şaşırmış, "Aaa, olur mu, yaptırmıyorum!" demişti. "Ben görüyorum," diye yinelemişti misafir şaşkın anneye, "Çok iş yaptırıyorsun." Anne şaşırarak susmuştu.

Bu kadın, kızı inisiyatif alamadığında, cesaretsiz ve özgüvensiz davrandığında "Hiç sorumluluk vermedik, iş yaptırmadık; ondan oldu." diyor. Halbuki kıza yaptırdığı işlerin kendi kafasındaki detaylardan sapmasına asla müsaade etmiyor, kız kendisine emir verildiği üzere sofrayı hazırlamaya başladığında bu anne çok öfkelenerek, kız çok yanlış bir şey yapmış gibi, olmayacak bir şey yapmış gibi, "O tabakları mı çıkarıyorsun!" diye bağırıyor, kız diğer tabakları götürdüğünde de öfkesi, kıza dair ümitsizliği geçmiyor. Kıza ne yaptırsa, işin kendi kendisine kafasında planladığı şekilde yapılmamış taraflarını görüyor, memnuniyetsiz kalıyor ve kızı içten içe beceriksizlikle, asla da iflah olmayacak olmakla, herkese dert yandığı gibi, "kızın ev işlerinden hiç haberi olmamasıyla" suçluyor. İster hizmetçi ister kızı olsun bu kadının tanımıyla "ev işlerinden haberi olacak biri", yani bu kadını memnun edebilecek biri, ancak kendisinin klonlanmış hâli olabilir. Farklılıklara saygı göstermedikçe çocuğa da saygı gösteremeyeceğimiz gerçeği buradan kaynaklanıyor.

Hazırlık sınıfını bitirip Orta 1'e başladığımız ilk gün, sınıfa daha önce hiç görmediğimiz bir erkek öğretmen gelmişti ve sınıfa girdiğinde söylediği ilk şey, "Şimdi bu sınıftaki kızlara bir soru soracağım. Önemli bir soru." olmuştu. Sonra, sınıftaki kızlara birer birer, yaz tatilinde ne yaptıklarını sormuş, cevapları sessizce dinlemişti. Sınıftaki kızların tamamı soruyu cevapladıktan sonra, "Kardeşlerine baktığını söyleyen arkadaşınız hariç bu sınıftaki kızların tamamını, tamamını *kınıyorum*." dedi. Soruyu, kızların yaz tatilinde ev işi yapıp yapmadığını anlamak için sormuş, herkesin cevabını sessizce, bu cevabın içinde ev işlerine dair bir şey olup olmadığını anlamak için dinlemişti. Kendilerine yaz tatilinde ne yaptıkları sorulunca doğal olarak "Ev süpürdüm, bulaşık yıkadım." demek yerine yüzmek, kitap okumak, bisiklete binmek gibi yaz tatiline dair edimlerden bahseden kız öğrenciler bu kınama üzerine birbirlerine sessizce "Aa, ama ben ev işi yapıyorum... Yaptım..." diye fısıldadılar; yani suçlama karşısında, gerçekten de suçlularmış gibi kendilerini çaresizce savunmaya geçtiler.

Bu öğretmenin sadece kızlara böyle bir soru sorması ve cevaplarda "eksiklik" addettiği şey üzerinden onları aleni kınaması, kimseye anormal görünmüyordu. Kimse itiraz etmeyince, "Ya erkek öğrenciler?" diye sordum. "Onlara da buluruz bir şey." dedi umursamaz bir tavırla; fakat dersin devamında da erkek öğrencilere hiçbir şey sormadığı gibi sınıftaki kızların ne kadar suçlu olduğunu anlatmaya devam etti. Aslında bu, kız çocuklarını erkek çocukların hizmetçisi yapmak, tatili dilediği gibi geçirme özgürlüğü olan erkek çocuklarına hizmetçilik etmeyen kız çocuklarının tatili erkek çocuklar gibi, yani diledikleri gibi geçirme hakkını kınamaktı, kız çocuklar ev işi yapmış olsun ya da olmasın. Bunu sorunun cevabı olarak söylemiş miydim bilmiyorum, ama ben o yaz tatilinde vakitsizlikten dolayı geceleri uyumayarak bir roman yazmıştım; ama bu öğretmene göre, kız çocuğuysanız, ev işinden bahsetmediğiniz sürece başka ne yaptığınızın zaten hiç önemi yoktu.

2004'te, İngiltere'de yaşamaya başladığımda, Brezilyalı bir arkadaşımın doğum gününe davet edilmiştim. Partinin başlayacağı saatten bir saat önce, yardıma ihtiyaçları olup olmadığını sormak için partiyi veren çiftin evini aradım. Telefona kimsenin cevap vermemesi beni çok şaşırttı. Arkadaşlarımın her ikisi de doktora yapan, sorumluluk sahibi insanlardı. O sırada evde partiye hazırlık yapmaktan başka herhangi bir işle meşgul olabileceklerine ihtimal veremedim. Sonraki dakikalarda evi tekrar aradım. Telefonu parti saatinden on dakika önce açtılar. Eve yeni geldiklerini, dinlenmek için dışarıda yürüyüşe çıkmış olduklarını söylediler.

Partinin başlayacağını söyledikleri saatten on beş dakika sonra evlerine vardığımda henüz hiçbir şey hazır değildi. Doğum günü pastasının yapılacağı malzemeleri partiye davetli arkadaşlarla birlikte kutularından çıkarıyorlardı. Pastayı ve diğer ikramları birlikte hazırladık.

Bahsettiğim partiye dünyanın değişik kıtalarından insanlar gelmişti. Fakat aralarından hiçbirinin pastanın parti sırasında yapılmasını benim gibi yadırgadığını sanmıyorum. Misafire ikram konusunda Türklere benzediklerini düşündüğümüz Orta Doğuluların dahi servis edecekleri yemekleri misafirleri geldikten sonra yaptıklarını kısa bir süre sonra öğrenecek, o gün çok şaşırdığım durumun aslında dünya genelinde normal bir şey olduğunu o yıllar içinde değişik ortamlarda bulundukça fark edecektim.

Bana, yemek sofrasının misafirler gelmeden önce her şeyiyle hazır olması gerektiği öğretilmişti. Misafir geldiğinde hazırlıklardan birinin henüz tamamlanmamış olması Türkiye'de evin kadını için fiyasko sayılıyordu. Bunda bu kadar korkulacak ne olabilir diye soruyorum kendi kendime. Misafir kapıyı çaldığında çorba hâlâ ateşteyse, bu neden utanılacak bir şey? Misafir bizi denetlemeye gelen patron yahut müfettiş değil, bizim kimseye borcumuz veya kanıtlamamız gereken bir şey yok, evimiz de serviste eksiksiz olması beklenen lüks bir restoran değil.

Hizmetçilik sadece, ücret karşılığında belli zaman dilimlerinde yapıldığında saygın bir iş. Hizmetçiliği kimlik edinmek yanlış; her şeyden önce, kişinin edineceği başka kimlikleri engelleyecek, baltalayacak, kişinin hayatla ilişkisini, başarısını kısıtlayacak bir şey. Aileler kızlarını tam zamanlı asilzade hizmetçisi olarak yetiştirmeyi isteyip istemediklerini bir kez daha sorgulamalılar. Zira bir kadının, bir akşam da yemek yapmazsa dünyanın başına yıkılacağını zannetmesi, o yemeği yapsın veya yapmasın, etkisini kendisinin bile tahmin edemeyeceği kadar yıpratıcı bir psikolojidir.

Kız çocuklar, erkek çocukların hizmetçisidir. Kız çocukların, erkek çocukların isteklerini karşılamak için etraflarında dört dönmesi normal kabul edilir. Oğullar dahil herkesin ortak olarak kirlettiği bir alanın temizlenmesi oğullardan beklenmez. Bunda oğul ve kızların yaşı, meşguliyeti, durumu, örneğin ertesi sabah önemli bir sınavı olup olmadığı da etkisizdir. Eve misafirler geldiğinde oğlun hiçbir işi yokken boş oturması, aslında bir iş yetiştirmesi gereken kızın annesine yardımcı olması Türkiye'de olağan bir durumdur. Oğullar veya genel olarak erkekler bir işin ucundan tuttukları vakit ise bu hep fazla abartılarak anlatılır. Örneğin bir kızın akşam yemeğini hazırlaması sessizce karşılanırken oğulun hazırlanan yemeği tabaklara koyması aile fertleri tarafından gürültülü bir takdir görebilir, uzun zaman boyunca hatırlanabilir. Kızlar doğuştan hizmetçi kabul edildikleri için onların yaptığı iş zaten olması gereken bir şey addedilir, takdir edilmez. Bir kız aslında toplamda çok daha fazla iş yaptığı hâlde, ara ara eline süpürge alan ağbisi, kızın ev işlerine yeterince yardımcı olmadığı düşünüldüğü zamanlarda ona kolaylıkla örnek olarak gösterilebilir. Twitter'da biri, ailenin erkek çocuklarla "Oğlum, aç mısın?", "Oğlum, bir şey içer misin?", "Oğlum, tatlı yer misin?", "Oğlum, ne istersin?" gibi cümlelerle konuştuğuna, kızlara ise "Kızım, ağbine/kardeşine çay koy/şunu getir." diye emir verdiğine işaret etmişti.

2017'de bir röportajda söylediklerimden iki paragrafı, burada paylaşacağım:

> Toplumun kendisinden beklediğinin yarısını yapan bir kadının hayatı çoktan dolmuştur. Evini az veya çok temiz, düzenli tutan, eşine ve çocuklarına yemek yapan, sıklıkla olmasa da evinde yemek daveti veren, düğün davetlerine icabet eden bir kadının kendine ait bir şey yaratması artık neredeyse imkânsızdır. Bu saydıklarımın hiçbiri tek başına sorun değil. İnsan tabii ki yemek yapabilir, evini temizleyebilir. Ama gerçekten değerli bir şey ortaya koymamız, kadın olarak bize dayatılan hayattaki çok ama çok sayıdaki

unsura ayak diremediğimiz, bir yerde sınır çizmediğimiz sürece imkânsız. Evimizin baş köşesinde bir yemek masası varsa mesela bu, çok kez, bize dayatılan bir düzene ve kültüre farkında olmadan hapsolmuşuz demektir ki o düzeni sürdürerek hayatımızda bir yandan başka bir şeye de o şeyin gerektirdiği oranda yer açmamız, üzülerek söylüyorum ki mümkün değil. Halbuki önemli olan, insanın geride bir şey bırakması. Ev işleri asla bitmez. Toplumsal "gereklilikler" asla bitmez. Toplumun kendisinden beklentilerini yerine getirmeye çalışan bir kadın, ne kadar çabalarsa çabalasın, ne kadar çalışkan, uykusuz, zeki ve yetenekli olursa olsun, kendisine ait bir şey yaratamaz. Altmış yaşına geldiğinde arkasına bakar ve geride gördüğü tek şey, tekrar tekrar silinmiş fayanslar, tekrar tekrar yapılmış yemekler, tekrar tekrar yıkanmış bulaşıklar, tekrar tekrar katlanmış çamaşırlar, tekrar tekrar tebrik edilmiş insanlar olur. Bu, soruyorum size, tekrar değil de nedir? Boş, kendinden ibaret, insanı hiçbir yere götürmeyen, ama kocaman, bence korkunç bir tekrardır bu ve maalesef ki çok zaman, insanın, ama özellikle kadının hayatı bu tekrarın, bu hiçliğin bizzat kendisidir. Bir şey yaratmak istiyorsanız, doğduğumuzda önümüze hazır hâlde konmuş bu hayatı bir yerinden değiştirmek zorundasınız. Ama nasıl, ne şekilde; bu, kişinin kendi iradesine kalmış.

Bir kadından, -kadın bu işi yapsın ya da yapmasın!- dünyanın kadından beklediği şekilde ev işi beklemek de, sadece beklemek olarak dahi, tüm kalbimle inanarak söylüyorum, bence en az dayak, tecavüz, cinayet kadar ciddi bir şiddettir. Kadını öldüren, tüm olanaklarını yok eden, potansiyellerini yadsıyan, daha doğmadan çürüten, onu içeriden bitiren, kendisinden başka herkese yarar hâle getiren, psikolojik, zihinsel, fiziksel bir şiddettir. (Evet; salt beklenti olarak bile fiziksel bir şiddettir!) Bir kadının hayatını anlamsız, işe yaramaz, boş bir tekrara mı dönüştürmek istiyorsunuz? Ona ev işleri konusundaki geleneksel inancı hafif dozda bile olsa aşılayın, yeter. Kız çocuklarını diri diri gömdükleri için Cahiliye Araplarını eleştiriyoruz, ama bence bizim kız çocuklarını diri diri gömenlerden hiç de aşağı kalır yanımız yok. Ve bu söylediğimde son derece ciddiyim.[92]

Sofraya Tapınak Muamelesi Yapıyoruz ve Kurban Edilen, Kadın

Ev işleri, asla, asla, asla, asla bitmez. Ve biz, hayatımızı öyle şekillerde düzenliyoruz ki, ev işlerinin hayatımızdaki yeri azalmak yerine katlanarak çıkıyor karşımıza.

Tipik bir Türk evine bakın. Çünkü insanların evlerini nasıl düzenledikleri, nasıl yaşadıklarını gösterir. Bir insanın oturma odasının, salonunun merkezine ne yerleştirdiği, hayatının merkezine ne yerleştirdiğini ve hayatında en çok neye vakit harcadığını gösterir. İnsanların evlerinin baş köşesinde yemek masası ve yine yemekle ilgili araç gereçleri saklayan dolaplar, vitrinler olmasını çok yadırgıyorum.

Bir insanın karnını doyurması, normalde çok basit olan, birkaç dakika içinde halledilebilecek bir şeydir. İnsan, bir elmayla, bir avuç fındıkla, haşlanmış bir patatesle, ya da yine, hazırlaması beş on dakika sürmüş bir yemekle, yahut bir tabak salatayla gayet güzel şekilde doyabilir. Ama biz yemeği bir tören hâline getiriyoruz. Masaya, ona riayet ettiğimiz, etrafında el pençe divan durduğumuz, kendimizi ve çocuklarımızı onun şartlarına uydurduğumuz dinî bir merci, tapınak, adeta, kutsal bir makam muamelesi yapıyoruz. İslam fıkhında dahi böyledir; normalde kimin kime selam vereceği uzun uzun tartışılırken, sofrada hiç kimsenin sonradan gelen hiç kimseye selam verme zorunluluğu olmadığına kanaat edilmiştir,

92 Kaynak: http://www.artfulliving.com.tr/edebiyat/kirgin-olmasaydim-roman-yazmaya-ihtiyac-duymazdim-i-13799, 22 Mayıs 2018'de ulaşıldığı şekliyle

çünkü, yemek yenirken, en yüksek makam, orası, "sofra"dır, ve sofranın etrafına oturan yahut gelip geçen insanlar "sofra"dan sonra gelir.

Sofraya tapındığımızı gösterir gibi, etrafında konum alırız. Fakat, yemeğe hemen, yahut aklımıza ne zaman eserse o zaman başlamayız; "sofra" başımız önümüzde secde edeceğimiz, kutsal mercidir çünkü. Ayinin başlaması için, önce ayine katılacak herkesin bir araya gelmesi gerekir. Ayini, rütbe olarak en yüksek yerde gördüğümüz kişi başlatır. Evde çok yaşlı bir kadın olmadığı sürece, bu kişi asla kadın değildir. Kadınlar, bu ayinin hizmetçiliğini yapan, ayinin malzemesi olan yemekleri yapmış olmaları, yapılmış bu yemeklerin getir-götür işlerini üstlenmeleri açısından orada sadece görünmez şekilde işe yarayan vasıtalardır. Alt yapının onlar tarafından hazırlanması, emeğin tümünün onların olması, mekanizmayı döndüren çarkları hep onların çalıştırması, hazırladıkları şeyleri önce erkekler için hazırlamalarına, önce erkeklerin önüne koymalarına, kölesi oldukları bu ayine sessizce boyun eğmelerine mani olmaz.

Bir tabak yemekle fazla fazla doyacak insanın bu doyma ihtiyacını çorbalar, başlangıçlar, ara sıcaklar, mezeler, ana yemekler, salatalar, tatlılar, çeşit çeşit içeceklerle uzun, karmaşık, gereksiz, bana çok anlamsız görünen bir geçide çevirmesini, sofraya oturmanın da sofradan kalkmanın da bir ayin havasına dönüştürülmesine ve bu yüzden sofrada çok fazla vakit geçirilmesine bağlıyorum. İster bir çekirdek ailenin günlük sofrası olsun ister büyük bir davet yemeği, insanların sofrada altı üstü bir yemek için bu kadar vakit harcaması bana çok hayret verici geliyor. Fakat harcanmasına asıl üzüldüğüm vakit, hiç görünmeyen, yemekle birlikte tükenen emek, o yemekleri yapan, sofraya getirip götüren, bulaşıkları yıkayanların vakti ve enerjisi. Çeşit çeşit yemeklerle donatılmış bir sofraya oturduğumuzda, o sofrada bir kadını, kadınları kurban ettiğimizi, yediğimiz şeyin kadının hayatının kendisi olduğunu düşünüyorum.

“Önemli olan yemek değil. Aileler, dostlar, sohbet etmek için masada bir araya geliyorlar.” diyebilirsiniz. Eğer öyleyse, insanlar sohbet etmek, birlikte vakit geçirmek için, kadını kurban etmedikleri zeminler bulmalılar kendilerine.

Çok uzun zamandır hiç kimsenin evine gitmiyorum, gitmek istemiyorum. En modernize olmuş ailelerde bile sadece kadınların ikramların hazırlanmasıyla, servisiyle meşgul olmasına, erkek mutfaktan bir şişe getirip bardakları doldurduğunda herkesin bunu büyük iş olarak görmesine, tüm bunlara şahit olmaya artık tahammül edemiyorum. Yalnızca kadınların hizmet ettiği bir ortamda, erkeklerin ya da yaşça benden büyük kadınların boşalan bardaklarını doldurmaya yardım etsem de etmesem de kendimi aynı şekilde, çok şiddetli bir içsel baskı altında hissediyorum. Sadece kadınların çalıştığı ve bunun normal görüldüğü, eve dair işlerin sadece kadınlardan beklendiği ortamlarda, eğer siz de kadınsanız direkt olarak o hizmetçi çemberine dahil edilmiş buluyorsunuz kendinizi. “Ah, hayır otur; senden bir şey beklemiyoruz.” demeleri bu gerçeği değiştirmiyor; siz, normalde hizmetçi çemberinden biri olmanıza rağmen orada oturma lütfu verilmiş kişi oluyorsunuz. Otursam ve hiçbir şey yapmasam bile, gelip giden bütün bardakları, kadınların hizmet ettiği her adımı, her hareketi, benim olası bir hareketimmiş gibi, her hücremi kaplayan bir rahatsızlıkla içimde duyuyorum. Her kırıntısını fazla fazla içimde duyduğum bu hareketlerin tamamını kalkıp tek başıma yapmam, hem ruhen hem fiziken çok daha az yorar beni. Ama zaten yapsam da yapmasam da bir kölelik çıkmazı içindeyim; ve bundan kurtulmak için elimden gelen hiçbir şey, hiçbir şey yok. Böyle bir yerde geçirilmiş hiçbir andan zevk alamıyorum; zira bu, oradaki kadınlar çalışırken aslında dolaylı olarak sizin de tanımlandığınız anlamına geliyor, ne yapmanızın ve ne yapmamanızın uygun görüldüğünün çoktan belirlenmiş olduğunu gösteriyor, sizin kendi evinizde nasıl bir yol izleyeceğinizi, bu insanların sizin kontrolünüzde olmayan bir durum olarak algıladığını teyit ediyor. İster bu hizmet çemberine aktif olarak dahil olayım ister orada sadece oturayım, kadınların iş yapmasının normal görüldüğü bir ortamdan çıktıktan sonra ruhen o kadar çok yoruluyorum ki bir süre boyunca fiziken de felç oluyorum, yaşama gücüm, isteğim ve enerjim düşüyor, kendi hayatıma odaklanamıyor ve yapmam gereken işlerimi yapamıyorum. İşte bu yüzden, kadından iş *beklenmesi*, kadın bu işi yapmasa bile, sadece sessiz bir beklenti olarak kalsa bile, fiziksel, ruhsal, psikolojik, cinsel bir istismardır.

Beni en rahatsız eden şeylerden biri, ben bu gibi şeyleri anlatmaya çalıştığım yazılar yazdığımda erkeklerden "Bizim evde böyle değildir; annem bize bazen süpürge verirdi ve evi süpürürdük. Annem masayı hepimize toplattırırdı; sofrayı birlikte kurar ve kaldırırdık." gibi yorumlar gelmesi. Bu, az önce bahsettiğim gibi bir ortamda, her zaman olabileceği gibi, bir erkeğin birkaç tabağı mutfağa taşımasına, ve bunu yaparak, kadınların işine küçük bir katkıda bulunduğunu düşünmesine, oradaki başka herkesin de bunu böyle algılamasına benziyor. Bir erkeğin "kadınlara ait" bir iş yaptığında *kadınlara* yardımcı olduğunu düşünmesi ve bunun oradaki herkes tarafından da böyle düşünülmesi, beni erkekler otururken oradaki kadınların iş yapmasından bile daha çok irrite ediyor. Mesele, kimin ne kadar, ne iş yaptığı değil; mesele o işin normalde kadına ait olduğuna dair o çok yanlış yerleşik zan. Bu şekilde iş yapmanız, o zannı güçlendirmekten başka işe yaramıyor.

İki sene evvel, bir erkek okurum o kadar çok ısrar etti ki, normalde hiç yapmayacağım hâlde ve yapmayı da hiç istemediğim hâlde, yemek davetini kabul etmeye sonunda mecbur kaldım. Yemeği eşi yapmıştı. Böyle durumlarda gerginliğimle ancak sorular sorarak baş edebiliyorum. Nasıl bir soru sorduysam, okurumun eşi, "Evlendiğimde yemek yapmasını bilmiyordum. Ama eşim çok sabırlı, çok anlayışlıdır. Ben bu kıvama gelene kadar aylarca sabır ve anlayış gösterdi, bekledi; ama sonunda oldu." dedi. Karşımdaki iki insanın ikisi de, bu durumda kocanın sabırlı, anlayışlı olduğu düşüncesini paylaşıyor, kadının gülerek, adeta minnetle, eşi çok güzel bir şey yapmış, büyüklük göstermiş gibi konuşmasını olağan karşılıyorlardı. İkisinin bu ortak yaklaşımı beni çok şaşırtmıştı. Bu yaklaşım üzerinde durmadım; konuyu biraz değiştirerek, evde yemeklerin her zaman kadın tarafından mı yapıldığını, cevabı aslında merak etmeden, ama bir şey sormuş olmak için sordum. Koca, "Aaa, hayır. Ben de yaparım. Somonlu tagliatelle yapmıştım." dedi. Daha da şaşırarak ikisinin yüzüne baktım. Kadın gülüyordu. "Evet, yapar. Çok güzel yapar. Somonlu tagliatelle'si şahaneydi." dedi kocasını överek. Sonra, erkeğin nasıl yemek yaptığını, ne kadar güzel yemek yaptığını mutlulukla anlatmaya koyuldular. Ağustos'taydık. Erkeğin "somonlu tagliatelle" yapması olay olduğu için, o somonlu tagliatelle yaparken çekilmiş fotoğraflarını sosyal medyada paylaşmışlardı. Fotoğraflar kışa, altı-yedi ay öncesine aitti.

Erkek, senede en fazla bir ya da iki kez yemek yapıyordu; ama ikisi de, bu evde yemekleri sadece kadının pişirmediğine, erkeğin de yemek işinde kadın kadar rol aldığına içtenlikle inanıyorlardı. "Bu evde yemekleri kadın mı yapıyor?" sorusuna erkek "Pek yapamıyorum maalesef. Güzel yaparım ama senede bir iki kez ancak işte..." deseydi, kadın da bunu olağan karşılasaydı, sorun yoktu tabii ki. Ama senede iki kez yemek yapan bir erkeğin o evdeki hem erkek hem kadın tarafından "kadınla yemek işini paylaşıyor, erkek de o evde kadın gibi yemek yapıyor" olarak görülmesi, kadının senenin diğer üç yüz altmış üç günü yemek yapmasını görmemek, bu emeği takdir etmemek demektir. Bu erkek, özel bir şirketin genel müdürüydü; karısının da "operacı" olduğunu övünerek söylüyordu; kitap okuyan, klasik müzik dinleyen, kültürel ve sosyo-ekonomik seviyelerini Türkiye'deki ortalamanın üzerinde gören insanlardı; ama mesele kadının kurban edilmesine gelince bakış açıları aslında, bakkal Hasan Efendi ile Ayşe Teyze'den çok farklı değildi.

Bu, maalesef, münferit bir olay değil. Söylenildiği gibi ne vatan, ne dil, ne bayrak; ama Türkiye'de a'dan z'ye her kesimde, kadının nasıl kurban edildiğini görmemek, bu ülkeyi birleştiren temel unsur sanki. "Bu adam çok güzel yemek yapıyor. Karısı çok şanslı olacak." denilen erkeklerin, "Ben her işi yaparım. Ev de süpürürüm, toz da alırım." diyen erkeklerin bu işleri nasıl, ne şekilde yaptığını biliyorum; onların bunları yaparken eksik bıraktıklarını fark bile etmedikleri şeylerin herhalde sonradan sihirli bir el tarafından gelip temizlendiğini, düzenlendiğini, toparlandığını zannetmelerinin anneleriyle yaşadıkları evden kalma olduğunu, ya da annelerinin onlar ev süpürünce "Ev süpürdü.", yemek yapınca "Yemek yaptı." demelerinden, bu söylediklerine de muhtemelen gerçekten inanmalarından ve başkalarını da inandırmalarından kaynaklandığını sanıyorum. Erkeklerin iş yapmasına dair söylediklerimin istisnasına çok ama çok nadir şahit oldum. Gerçekte neyi nasıl yaptıklarını bildiğim erkekler "Aaa, biz o erkeklerden değiliz; iş yaparız." demeseler, canım çok daha az yanacak. Bir kız onların yaptığı işleri onların yaptığı şekilde yapsa, ne çok azar yerdi. İşleri erkekler gibi yarım yamalak yapmadıkları hâlde, ne anneleri ne de başkaları onlar için "Ev süpürdü.", "Yemek yaptı." dedi. Hemen hepsi de bu durumu böyle kabullendiler ve kendi oğullarına ve kızlarına karşı aynı anneliği tekrar ettiler.

İki kız aynı evde yaşıyorlar ve yıkanacak bir bardağı bile "Hayır, o bardağı o kullandı. Ben yıkamamalıyım." diye tartışma vesilesi hâline getirebiliyorlar, kendilerinin ne kadar iş yaptığını ve kız arkadaşlarının ne kadar iş yaptığını kırıntısına kadar hesaplıyorlar, kıyaslıyorlar, karşılarındakinin bardağını yıkadıklarında kendilerini suistimal edilmiş hissediyorlar. Ama bu kızlar evlenirlerse, kocalarına tam zamanlı hizmetçilik yapsalar, bütün bulaşıkları her zaman kendileri yıkasalar bile kendilerini suistimal edilmiş hissetmiyor, başka birinin işini gereksiz yere üzerlerine aldıklarını düşünmüyorlar.

Yanlış anlaşılmasın; "kadınlar iş yapmasın." demek istemiyorum, birinin ne yapacağı ve ne yapmayacağı kendi bileceği iştir; ama kadınların, eşiti bir kadının bir bardağını yıkamak istemezken birdenbire kocalarının bütün işlerini seve seve, bunlar onları adeta mutlu eden bir şeymiş gibi yapmaya can atan kimselere dönüşmelerinin arkasındaki psikolojik mekanizmayı sorgulamak, herkesin olağan gördüğü bir tuhaflığı göstermek istiyorum.

Herhangi bir insanın herhangi bir iş yapmadan öylece oturması normalde kimseyi rahatsız etmez, değil mi? Ama boş oturan kişi erkek değil kız çocuğuysa, boş oturan kişi damat değil gelinse, oradaki kadınlar bundan ne kadar rencide olurlar. Bunun, o kişilerin normalde başka işleri olup olmamasıyla da hiç ilgisi yoktur. Diyelim ki ömrünüzde bir baltaya sap olamamış, hiçbir şey üretmemiş, üstelik, işsiz ve geliri de sıfır olan, bütün gün pineklemekten başka yapacak şeyi olmayan bir damatsınız. Siz oturursunuz ve evdeki kadınlar sürekli "Enişte, çayını tazeleyeyim mi?", "Enişte, aç mısın? Yiyecek bir şey ister misin?", "Enişte sana kahve yapayım, tatlı getireyim." derler. Bunları da koşa koşa yapmaktan hiç yüksünmezler, bunları yaparken kendilerini size hizmet ediyormuş gibi hissetmezler. Ama siz bir kadınsanız, ne kadar eğitimli, meşgul, vakti değerli, iş sahibi, para kazanan bir kadın olursanız olun, sizin değil iş yapmadan, "ev işi" yapmadan oturmanız dahi oradaki diğer kadınların kanına dokunacaktır. İşte o zaman, enişteye bunları yaparken hiç akıllarına gelmediği gibi, "İşleri bize yaptırıyor.", "Kendisini hizmet ettiriyor." diye düşünürler. Enişteye yaptıkları gibi sizin peşinizde koşmamış oldukları, "Şunu ister misin?", "Bunu yer misin?" diye sormamış oldukları hâlde.

Bir kadının iş yapmaması, oradaki erkekleri değil, ama diğer kadınları rahatsız eder. Üniversite mezunu, çalışan kadınlar arasında bile böyledir bu. Kendilerinin bu yükü çekmesinin boşuna olduğunun onlara gösterilmesidir aslında onları böyle inciten. Ama bunu görmek, kabul etmek istemezler. Herhangi bir kadın grubunun sözlerine kulak kabartın; bir kadının onlara göre "kadınlık yükü" olan şeye kendilerinden daha az sırtlanmasına verdikleri tepkiyi göreceksiniz. Geçen yaz böyle bir grup kadının konuşmasına şahit oldum. Biri, söylediği şeydeki duruma en baştan dudak bükerek, "Şu kişinin çocuğuna bakmak için bir gün çocuğun anneannesi, bir gün de babaannesi geliyormuş." dedi. Oradaki kadınların hepsi, o kişinin çocuğuna bakmak için bir gün çocuğun anneannesinin, diğer gün çocuğun babaannesinin gelmesinden, bu durumun onlarla bir ilgisi, onlara bir zararı varmış gibi, her nedense çok mustarip oldular. Her biri sırayla bir cümle kurdu. Söyleyen kişi, yine dudak bükerek, "Benim annem doğumda yanımda sadece bir hafta kalmıştı; sonra gitmişti. Tek başımaydım." dedi. Bir başkası, "Ben evde hem çocuklarıma hem kayınvalideme tek başıma baktım." dedi. Sonra sırayla, kendilerinin çocuk bakmak konusunda ne kadar çekmiş olduklarından, bu kızın da rahatına pek düşkün, pek cesaretsiz olduğundan, yine duruma dudak bükerek, yine, bir başkasının çocuğuna nasıl bakıldığı kendilerinin vaktiyle nasıl çocuk baktığıyla ilişkili bir şeymiş gibi bahsettiler.

Bu verdiğim örnek, kadınlar arasında çok sık rastlanan bir durum. Nedeni de "Ben çektim. O da çeksin.", "Ben yaptım. O da yapsın." düşüncesinden, yani kıskançlıktan başka bir şey değil. Kıskanmayan kişi "Ben çocuklarımı büyütürken hiç yardım alamamıştım ve çok zorlanmıştım. Ne güzel, onun böyle destek görmesine, benden daha şanslı olmasına mutlu oldum." der.

Bu durumun farklı versiyonlarını, ezilen ve ezilmeyi kabul eden kadının, bir başka kadına zarif davranıldığını gördüğünde, kadına zarif davranılmasını küçümsemesinde görebiliriz. Bundan birkaç ay evvel, "hanımcı" diye bir tabir öğrendim.

Bir erkek karısının hislerini dikkate aldığında kullanılan bu tabir, erkeğin karısına insan gibi davranmasıyla alay eden, kadına kaba davranmayı, kadının hislerini hiçe saymayı normalize eden, ve karısına nazik muamele eden erkeğin bu muamelesiyle açıktan alay etmesi suretiyle, herkesi de toplum baskısıyla kadına kötü muameleye yönelten bir söz. Bu sözü aktif olarak kullandığını işittiğim iki kişinin ikisi de kadındı, ve "hanımcı" diyerek açıktan burun büktükleri davranışlar, iki durumda da, gayet olağan, hiçbir sıradışılığı olmayan davranışlardı. Bu durumlardan ikincisinde, genç bir kadın Prens Harry'nin daha bir ay önce evlendiği eşi Meghan Markle'ın elini nazikçe tuttuğu bir fotoğrafı "Çok hanımcı gördüm ama bu seviyeyle ilk kez karşılaşıyorum." sözüyle paylaşmıştı. Halbuki ben fotoğrafa baktığımda, fotoğrafa bakan her normal insan gibi, birbirlerini seven iki insan, karısının elini zarif bir hareketle tutan, el sıkışmak üzere ileri uzanırken de elinden bırakmamış bir erkek görüyordum. "Ne güzel, birbirlerini seviyorlar.", "Ne güzel, karısına ne kadar nazik davranıyor," demek varken "hanımcı" diyerek zarif bir hareketi aşağılamak, çocuğuna bakarken destek alan kadın için "Ben çektim. O da çeksin.", "Ben yaptım. O da yapsın." diye düşünmekten farklı değil; nitekim bu ikisi, aynı ruhsal durumun sonucu. Fotoğrafı paylaşan genç kadın, aslında, "Neden bana böyle davranan kimse yok?" diye şikayet ediyor, hayatındaki bu eksikliği ona sahip olanları küçük düşürmeye çalışarak dengelemeye çalışıyordu. Aynı hareket kendisine yapılsa hiç böyle şikayet etmeyecek, tam tersine, o zaman bu hareket, kendisine verilen değer, kendisine gösterilen nezaket olacaktı. Fakat bu genç kadının bu çok kötücül tweetinin –normalde fazla takipçisi olmadığı hâlde– on beş binden fazla beğeni ve binden fazla RT alması, fotoğrafta alay edecek bir şey olmadığını söyleyen tepkilerin o alaya katılan, onu güçlendiren tepkilerin yanında çok zayıf kalması, toplumumuzun kadına bakışını da gözler önüne seriyor.

"Aile, Kız Çocuğunun Ruhunu Yok Etmek İçin Kurulmuştur"

Aile, çocuğun ruhunu yok etmek için kurulmuştur. Ama, Phyllis Chesler'ın söylediği gibi, aile, daha çok, "kız çocuğunun ruhunu yok etmek için kurulmuştur." Aile ve aile üzerinden toplum, kız çocuklarını sonunda, başka kadınların eziyet görmesinden zevk alan, başka kadınların nazik muamele görmesini, destek görmesini, rahat etmesini çekemeyen, güzel muamele gören kadınlara rastladığında bu muameleyle kötücül kahkahalarla alay eden ve herkesi de alaya, küçümsemeye, hor görmeye davet eden kadınlara dönüştürür. Kültür, taşıyıcılığını toplumlarda hep kadınların yaptığı bir şey. Kadınlar, kendileri ezildikleri için kızlarını ezdiler ve onlara herkes tarafından ezilmesini öğrettiler. Toplumlarındaki kız çocukları üzerinde böyle bir baskı kurup o baskıyı onlarda rasyonalize etmeselerdi, içselleştirmeselerdi, o kız çocukları büyüyüp başka kadınların kötülüğünü dileyen canavarlara dönüşmezlerdi. Ömrü boyunca evlilik ve kariyer konularında danışmanlık yapmış, üstelik hiç de genç olmayan Amerikalı bir kadın, "Bana bugüne kadar bir tek erkek bile, bir tek erkek bile, evliliği ile kariyerini nasıl meczedebileceğine dair bir soruyla gelmedi." demişti.

Simone de Beauvoir *Öteki Cins* kitabında, kadının başta nasıl Tanrıça olduğunu, çok sonradan erkeğin hizmetçisi konumuna düşürüldüğünü ve öyle kaldığını uzun uzun anlatıyor. Kadının erkeğin (ve bizim kültürümüzde tabii ki erkeğin ailesinin) hizmetçisi konumuna düşürülmesi, erkeğin fiziksel gücüyle ilgili. Zaten güçlü olanın zayıfa kendi gücünü hissettirmesi, kötü niyet ve istismar içerir. Güçlünün kendisini daha güçlü, zayıfın kendisini daha zayıf hissettiği durumlar, kimseyi daha iyi insan hâline getirmez. Hapishaneler, kişiye acziyetini, devletin, kanunlarının gücü karşısında ne kadar zayıf ve edilgen olduğunu hissettirmek için kurulmuştur. Hapishaneler kimseyi, olduğundan daha iyi bir insan hâline getirmemiştir; ve bu kuşkusuz, içsel hapishaneler için de geçerli. Bizim çocuğa yaptığımız da, bizim güçlü, kendisinin zayıf olduğunu duyurmak ve ona bizim gücümüz karşısında edilgen olmayı öğretmek. Çocuğa böyle davranmamız onu zannettiğimiz gibi iyi, ilkeli, ahlaklı bir insana dönüştürmüyor.

Ben çocukken "Ağaç yaşken eğilir." atasözü sık kullanılır, okullarda öğretilirdi. Daha ilkokul birdeyken defterimize sayfalar dolusu "Ağaç yaşken eğilir." yazar, bu sözün anlamını öğretmenimiz sanki çok matah bir şeymiş gibi anlattığında onu sorgulamak hiç aklıma gelmezdi. Yaştık, ve *eğilmemiz* gerekiyordu; bizi ne kadar erken *eğerlerse* o kadar iyi olurdu; öğrendiğimiz şey, bize açıkça söylenen şey buydu.

Bütün çocukların yaşken eğilmesi gerekir; ama kız çocuklarının daha da eğilmesi gerekir. Onun önünde eğilmesi gereken çok daha fazla merci vardır çünkü. O yüzden eğilmeyi şimdi ailede, erkek kardeşleri gibi sadece babasının değil, ağbisinin, erkek kardeşinin, yaşı kendisinden büyük ya da küçük erkek kuzenlerinin önünde öğrenmelidir.

Hayat, Yaratılan Bir Şeydir

Annem bana hep, üzerine basa basa, "Ne kadar paran olursa olsun, ne kadar yardımcın olursa olsun, *ev işi yapmak zorundasın*. Bir kadının ev işi yapmadığı bir hayat *imkânsızdır*." derdi. Hiçbir zaman annem kadar param ve gücüm olmadı; ama annemin söylediği gibi bir hayatı hiç yaşamadım. Annem bana ayrıca, yüzlerce kez "Etrafına bak ve senin gibi yaşayan bir tane insan göster. Böyle bir hayat *olamaz*. İmkansız." demiştir.

Annemin kastettiği şey, günlerimi okuyarak ve yazarak geçirmem, bu yüzden de, onun kafasındaki kadına göre çok az sayıda insanla hayli kısıtlı şekilde görüşmem, onun kafasındaki kadına göre çok az ev işi yapmamdı. Annemin bana "böyle bir hayatın asla olamayacağını", "bir kadının ev işleri yapmamasının şartlar ne olursa olsun mümkün olmadığını" söylerken bu şiddetli ısrarı, söylediğinin aksini çok vahametli bir şeymiş gibi algılaması, *kendisinin böyle bir hayat dışında bir hayat yaşayamayacağına* dair kör inancından, yani kendi etrafına ördüğü görünmez hapishaneden kaynaklanıyordu. Ona öğretilmiş hayatın dışına çıkabilirdi kuşkusuz; bunun için zihnindekiler hariç hiçbir engeli yoktu. Ama kadınlara zihinlerindeki engelleri öyle erkenden, onları benliklerinin öyle derin bir yerinden sarsarak yerleştiriyorlar ki, kadınlar başka türlü bir hayatın mümkün olmadığına, olamayacağına gerçekten inanıyor ve bu tamamen sahte inanca göre yaşıyorlar. Zihinlerindeki hapishanede bütün kadınların mahkûm olduğuna inandıkları için kadınlar güçlerinin yettiği başka kadınlara böyle, gardiyan ya da yargıç gibi davranıyor. Kenzaburo Oe, *Kişisel Bir Sorun* romanında, "Bu gerçek yaşamda yaşamak, konan kurallara uyarak yaşamakmış gibi dayatılıyor."[93] derken ne kadar haklı.

Bir hayatı yıllardır sürdürmeniz, o hayatı o şekilde *sürdürebildiğinizin* kanıtıdır. Evliliğin, insanların size evliliğin ne olduğunu söylediği değil, siz onu ne yaparsanız o olduğu gibi, hayatınız da insanların size yaşamanızı öngördüğü şartlar değil, siz onu ne yaparsanız odur. Herkesin sizden öyle ya da böyle yaşadığınız bir hayatı beklemesi, sizin o hayatı yaşamanızı gerektirmez. Sizden beklenen hayatı yaşadığınız sürece, gerçek bir şey yaratabilmeniz; imkânsız olan budur. Her hayat kendisine özeldir, ve hayat da yaratılan bir şeydir. Hayatınızı yaratmanızla kendinizi yaratmanız ve bir şey yaratmanız, paraleldir.

Zannederim on sekiz yaşındaydım, anneannemin evinde kitap okuyordum. Anneannem evde yoktu, ama temizlik yapan yardımcısı oradaydı. Bu yardımcı bir ara yanıma geldi, ve anneannemin elektrikli süpürgesinin torbasının nasıl değiş-

93 Can Yayınları, Çev: H. Can Erkin, 2010, s. 230

tirileceğini bilmediğini söyledi, "Torbayı sen gelip değiştirir misin?" dedi. Toza ağır şekilde alerjim olduğunu, torbayı değiştiremeyeceğimi belirttim. Bana çok kızarak baktı, ellerini beline koydu ve öfkeyle "Sen bir tek kitap mı okursun!" dedi.

Bu kadın, beni daha önce de hep kitap okurken görmüş, belli ki, kendisi iş yaparken benim kitap okumamdan rahatsız olmuştu, bana içten içe bilenmişti. Erkek olsaydım, kitap okumam, bilgisayar oyunu oynamam, televizyon seyretmem, boş boş oturmam ya da her ne yapıyorsam onu yapmamdan rahatsız olmayacaktı tabii ki. Erkek olsaydım, yanıma gelip "Bu torbayı değiştirmesini ben bilmiyorum. Ama anneannenin makinesi olduğuna göre sen biliyorsundur. Ben öğrenmeye çalışacağıma, gel sen yap." da demeyecekti. Kendi hâlinde kitap okuyan bir genç kadın, o orada yaptığı işten para almak için bulunsa da onu rahatsız ediyor, kendisine haksızlık gibi geliyordu.

Birkaç ay önce, evimi temizlemesi için çağırdığım böyle bir gündelik yardımcıya, evin uzun zamandır temizlenmediğini söyledim. Bunu, evi neden inceden temizlemesini istediğime gerekçe olarak söyledim aslında; ama o, sözümden, sözümün amacı olduğu gibi evde neyi nasıl yapması gerektiğini çıkarmak yerine bunu tamamen atlayıp benim evi temizlememiş olmama takıldı ve iş yaparken ikide bir işini bırakıp yanıma geldi, "Bu evi en son ne zaman temizlediniz?", "Tamam, çok. Ama bir vakit söyleyin. Ne kadar zaman? Bir hafta mı? Bir ay mı? Ne kadar zaman?", "En son ne yaptınız?", "Evi ne zaman süpürdünüz?", "Evi kim süpürdü? Ne zaman süpürdü?", "Peki ne zaman sildiniz? Silmediniz mi?", "Şunu yapmadınız mı? Neden yapmadınız?" gibi soruları birbiri ardına sorup durdu. Benden cevap alınca işinin başına dönüyor, ama söylediklerim onu rahatsız ettiği için işini bırakıp yine yanıma geliyor, –yaptığı işle tamamen ilgisiz– yeni bir şey soruyordu. Ev işi yapmadığımı söylemem, onu aşırı derecede üzmüş, incitmişti. Evi eşimin bir hafta önce süpürdüğünü söylediğimde ağlayacak gibi olmuştu. Açıkça bozularak işine dönmüş, beş on dakika sonra "Peki siz? Siz süpürmüyor musunuz? Siz evi en son ne zaman süpürdünüz?" gibi sorularla yanıma gelmişti. Evet, ona cevap vermek zorunda değildim. Üstelik kitap yazıyordum ve beni böyle ikide bir bölmesi konsantrasyonumu bozuyordu. Ama sorularını yine de cevaplıyordum, çünkü durup düşünmesini, kafasındakinden başka bir dünya da olabileceğini fark etmesini istiyordum; ve tepkilerini izlemeyi önemsiyordum. Bana öfkeliydi. Bu öfkesini gösterebileceği her vesileyi kullanıyordu. Bir ara yanıma geldi; "Şu arkadaki küçük oda var ya," dedi küçümseyen bir ifadeyle; "Orası çok tozlu. Üstelik ütü masası da var orada. Nasıl ütü yapıyorsunuz orada siz? Olmaz ki..." Ona kendisini eve zaten ev tozlu diye çağırdığımı söylemedim. Orada belki iki haftadır ütü yapmadığımı, ama eşimin hemen her sabah gömleklerini ve pantolonlarını orada ütülediğini, ütüsüne engel olacak bir rahatsızlık belirtmediğini söyledim. Yine yüzü düştü. "Eşinizin gömleklerini siz ütülemiyor musunuz?" dedi. "Genellikle ütülemiyorum, hayır." dedim. "*Peki bir şey demiyor mu?*" diye sordu kaşlarını kaldırarak. "Hayır," dedim; "Hatta ben belki onun birkaç gömleğini ütülemişimdir ama o benim kıyafetlerimi hiç ütülemedi. Ben ona bir şey diyor muyum kıyafetlerimi ütülemediği için?" Çok öfkelenerek yanımdan ayrıldı.

Buradaki "*Peki bir şey demiyor mu?*", eşimin benim üzerimde bir otorite olduğunu, eşimin onun gömleklerini ütülemiyorum diye bana *bir şey demeye* hakkı olduğunu, hatta aslında zaten *bir şey demesi gerektiğini* düşündüğünü, hatta içten içe bunu istediğini, benim de onun gibi gömlek ütülemeye mecbur kalmamı istediğini gösteriyordu. Aslında ona bunları kendi hayatına dair bir şeyleri fark etsin diye söylemiştim; ama o, evimden, beni suçlayarak ayrıldı sadece. Gitmeden, evdeki bütün bu kitapların hiçbir öneminin olmadığını, benim gibi böyle kitap yazmanın da önemli bir şey olmadığını söyledi. Ona "Kitap yazmak önemli." ya da "Kitaplar önemlidir." dememiştim. Ama ısrarla "Neden, neden yapmıyorsun?" dediğinde, "İşim var, kitap yazıyorum; vakit bulamıyorum." demiştim. Üzüldüğü, öfkelendiği şey, ben kitap yazarken ya da başka şeyler yaparken onun kendi evinde bütün işlerini kendisinin yapmasıydı. Kendisini başka haklardan mahrum bıraktığı için, diğer kadınlar da onun gibi mahrum kalsın, ev işi yapsın istiyordu. Onu zaten evimi temizleyemediğim için, parayla *tuttuğum*, evimde bunun için bulunduğu gerçeği, bu bakışını değiştiremiyordu. Nitekim gittiği diğer evlerde gayet özenli temizlik yaptığı hâlde, ve benden de aynı ücreti, hatta fazlasını aldığı hâlde, benim evimi doğru düzgün temizlemedi. "Ev işi yapmadığına göre bu olsa olsa pis, temizliği önemsemeyen biridir, fazlasını hak etmiyor." gibi bir yargıyla, ev işi yapmamak gibi bir rahatlığa sahip olduğum için benden aldığı intikama, kendince gerekçe bulmuş olmalı. Erkek olsaydım, evim çok daha tozlu olsa bile bana öfkelenmek aklına dahi gelmeyecekti.

Az önce iki paragraf alıntıladığm röportajım yayımlandığında da kadınlar, röportaj ev işleriyle ilgili genel ifadelerden ibaret olduğu ve eşimle de ilgisiz olduğu hâlde, "Allah bu kadının kocasına sabır versin." gibi yorumlar paylaşmışlardı. Genç bir kadın, kadının ev işi yapmasının imanın bir parçası olarak görüldüğünü ispatlar şekilde ve her nedense buna "para"yı da ilave ederek "Bu kadınlara ne oluyor ki üç kuruş için imanlarını satıp savruluyorlar?" yazmıştı paylaştığım iki paragrafa dair. Yine genç bir kadın, bir başkasına, ev işleri konusunda söylediklerimi kastederek, "Bu, iyi bir yazar; ama çok aşırı görüşleri var. O yüzden kitaplarını okusam mı okumasam mı bilemiyorum." demişti.

Yazar arkadaşım Güray Süngü Twitter'da, "Bir insanın söylediklerinin aşırı bulunması, bulanın karşıt aşırılığından kaynaklanıyor olabilir." yazdı. Söylediğim şey sadece, bir kadının ev işi yapmaya mecbur olmadığı, evliliğin temelinin kadının erkeğe hizmet etmek olmadığı ise, bu sözü bu kadar aşırı bulanlar, kadının ev işi yapması gerektiği konusunda aşırı görüşlere sahip değiller mi?

Altmış yaşlarında bir kadın arkadaşım evliliği, kendinden bir başkasının üzerindeki gömleğin ütüsünden aniden sorumlu tutulmak olarak tanımlıyordu. Eşimin gömleğini güzelce yıkayıp ütülesem ve sabah ona giydirsem bile, bu gömleğin daha sonra gün içinde kırışması, kirlenmesi ve bunun fark edilmesi hâlinde suçlanacak, direkt olarak akla gelecek kişi benim. Evlilik, iki kişi olarak bunu çoktan aşsanız bile başkalarının gözünde aşamamanız demek. Anneannem, yirmi yıl kadar önce, oğlu evlenen bir kadın arkadaşıyla konuştuklarını aktarmıştı. Kadın, oğlu evlenince üzülmüş, günlerce kendine gelememiş. Ancak sonra genç adam annesini ziyarete gelmiş, "Terledim, gömleğimi değiştireyim." demiş ve gömleğini çıkarınca kadın oğlunun jilet gibi ütülü atletini görmüş. "İşte o zaman, işte o zaman rahatladım Suzancığım." demiş kadın anneanneme; "İçim içimi yiyordu, ama bütün endişelerim o anda silindi. Artık içim rahat. Bu kıza oğlumu gönül rahatlığıyla teslim edebilirim."

Anneannem bunu bana "Bak, oğlunun karısı onun atletlerini jilet gibi ütüleyince insan böyle rahatlıyor. Sen de kocanın atletlerini jilet gibi ütüle ki annesinin içi rahat olsun." mealinde anlatmıştı. Dertleşen bu iki kadının, evliliği kadının kocasının atletlerini jilet gibi ütülemesiyle bir şekilde ilişkili görmesi, bir kadının, oğlunun gömleğinin altındaki atlet kırışık değil diye onu bu kızın bakımına, hizmetine gönül rahatlığıyla teslim etmesi, oğlunun evden ayrılmasının acısını artık hissetmemesi, hayli tuhaf bir dünyada yaşadığımızı gösteriyor. Bu tuhaflık, iki yaşlı kadının artık demode olmuş dünyasında kalsaydı bunu anlayabilirdik. Ama kadına bakış, farklı biçimlere girse de toplumun hemen her katmanındaki her yaşta insanda aşağı yukarı böyle. Oturduğum semtte, sebzeli mantı aldığım bir yer var. Geçenlerde orada sıradayken, bir yönetmen yanıma geldi. "Ben buradan mantı alıyorum, ama herhalde siz almazsınız. Çünkü kadınlar mantı satın almazlar genelde; evde kendileri açarlar mantıyı." dedi.

"Bekar evi" diye bir tabir bulunması ve bu tabirin sadece erkeklerin yaşadığı evler için kullanılması, kızların hizmetçi olduğu görüşünün sonucu. Yazar bir genç sosyal medyada, gece ikide arkadaşlarıyla yemeğe çıktığını, yakında evleneceğine göre bu gece yemekleri gibi zevklerin artık sona ereceğini, ne de olsa evlenince insanın hayatının artık mecburen değiştiğini, belli bir düzene girdiğini yazmıştı. Evlendi diye gece arkadaşlarıyla yemeğe gidemeyeceğini düşünmesinin saçmalığını bir yana bırakalım, bu "zevk"i karısıyla da yaşamayı düşünmüyor, tam tersine, kızın eve "düzen" getireceğini, evi çekip çevireceğini, o bakıma muhtaç bir çocukmuş gibi ona ve eve bakacağını, kendisinin de bu bakıma teslim olacağını, yani kızın, şimdi hizmetçisiz hayatına hizmetçi olacağını düşünüyordu. Bir başka şair genç, ev arkadaşından "ev erkeği" diye bahsediyordu. "O bir ev erkeği. Yemek yapıyor, temizlik yapıyor." diyordu. Yani, bir *kadının* işlerini...

Evlenen bir erkek için "Şimdi üstüne başına bir çekidüzen geldi; daha iyi giyiniyor. Evlendiği nasıl da belli oluyor." gibi yorumlar yapılmasını da çok yadırgıyorum. Bir kadının kocasına "Şunu giy. Bunu giyme." demesi, onu şu veya bu şekilde giyinmeye yönlendirmesi, ona "çekidüzen" vermesi düşüncesi bu kadar insana nasıl normal gelebiliyor? Kadının erkeğin ne giydiğine bu şekilde karışması, onu bir bebeği yahut süs köpeğini giydirir gibi giydirmesi, erkeğin kendi tercihlerini, özgür iradesini hiçe sayan bir davranış olurdu. Eşimin ne giydiği, neyi ne şekilde giydiği, beni nasıl ilgilendirebilir? Eşimin nasıl giyindiğini değiştirmek amacıyla yorum yapmam onun hayatına, kişiliğine müdahaledir, hakimiyet kurma niyetli bir eleştiridir. Bir erkeğin iyi giyinmesinden de kötü giyinmesinden de karısını mesul tutmak, kadını erkeğin "bakıcısı" olarak düşünmenin tuhaf bir uzantısı.

Bir kadın evlendiği zaman, erkeğin ailesindeki herkes, kızın her hareketini ne iş yapıyor ve ne iş yapmıyor diye değerlendirdiği bir mercek altına alıyor. "Kız ister otursun ister bir şey yapsın, herkes onun her hareketini konuşuyor." diyor arkadaşım Zehra; "Kız makineye birkaç bardak koyuyor ve 'Makineye bardak koydu!' diye konuşuyorlar." Bir kadının, yeni evlenen yeğeninin karısına, "Çay koydukça değerin artıyor!" dediğine şahit olmuştum. Bunu duyan bir kız ya da erkek çocuk, bir kadının kendinden değeri olduğuna nasıl inansın?

Tarihsel olarak da ailelerin, kızlarının evleneceği erkekte soy, statü, eğitim, iyi kazanç gibi özellikler araması, bu özelliklerin, erkekte kadınınkilere oranla daha üstün olmasının beklenmesi, gelin adayında ise güzellik arayışının çok şeyin üzerinde olması, güzellikten sonra iyi huy, itaat, uysallık, çeşitli ev işlerinde beceri (nitekim çok kişinin zihninde bunlar, iç içe geçiyor) gibi özellikler aranması, kadının erkeğin gönlünü eğlendirecek bir haz nesnesi, erkeğin hayatını kolaylaştıracak tam zamanlı bir hizmetçi olarak görüldüğünün, kadının erkek gibi kendi başına bir birey kabul edilemediğinin kanıtı. Geleneksel kodlarımızla da kadının arzu eden değil arzu edilen olmasını bekliyoruz; kadının, erkeğini kendi iradesiyle seçmeyip erkek tarafından seçilmeyi beklediği kültür biçimleri, tüm kıtalarda binlerce yıldır hüküm sürüyor. Kendi arzularının, tercihlerinin ne olduğunu fark edebilmesine bile ket vurulmuş bir insan, kendi hayatını nasıl yaratabilir?

Kendinizi Yaratmadan Evliliğinizi Yaratamazsınız

Evlendikten sonra edinilen malların eşlerin ortak mülkiyeti olmasını olağan karşılıyorum. Evimizin temizliğini yapamamam, benim kitap yazıyor ve okuyor olmamdan, eşimin de evimizin temizliğini yapamaması, kendi işleriyle ilgileniyor olmasından kaynaklanıyor. İstersek, daha çok ev işi yapabiliriz tabii ki, ama bu, diğer işlerimizden fedakarlık etmemiz anlamına geliyor. Kitap okumaya ve yazmaya ayırdığım vakti, sonu gelmeyen kısır işlere ayırdığım takdirde, sonu gelmeyen kısır işlere ayırdığım ölçüde, kendi hayatımı daha az yaratır, kendime ait daha az iş ortaya koyarım. Bu, eşim için de böyle. Evimiz, ikimizin işinin ortasında bir ara mekân; ikimiz de o mekâna, öncelediğimiz hayatlarımızdan vakit artırabildiğimiz kadar vakit ve enerji harcıyor, uzlaşma sağlarken birbirimizin işlerinden karşılıklı olarak etkileniyoruz. Bu karşılıklı etkilenme devam ederken birinin emeği kendiliğinden diğerinin de emeğinin yarısı hâline geliyor.

Kadınlar ise böyle yapmıyor, kendi hayatlarını, bu hayatın, yapacaklarının hiçbir önemi yokmuş gibi ev işi döngüsünde yutulup gitmesine izin veriyor, sonra da, bu işten her anlamda kazançlı çıkanın sadece eşleri olduğunu, kendilerinin ortaya –ister maddî, ister fikrî olsun– hiçbir mülkiyet çıkarmamış olduğunu görünce isyan ediyorlar. *İyi Aile Yoktur*'da verdiğim boşanma örneğinde manken kadın, hayatını hiç düşünmeden eşinin ve çocuklarının önüne attığı için kocasıyla hayatı, evliliği onun için çok önemli hâle gelmişti. Evliliği için ödediği bedel kendi hayatıydı ve şimdi bunun yerine koyabileceği hiçbir şey yoktu. Kendisini annelikle, "A'nın annesi" olmakla tanımlayan kadının anneliğinin sağlıklı bir annelik olamayacağı gibi, kendisini eşiyle tanımlayan kadının da kimliği sorunludur. Kadınlarda çoğu kez bu ikisini, yani kendisini eşi ve çocuklarıyla tanımlama durumunu bir arada görüyoruz. Kendinizi yaratamadan, evliliğinizi yaratamazsınız. Annelik de, hayatınız gibi, yaratılan bir şeydir.

Kafka'nın annesi Julie Kafka, Max Brod'a mektubunda, çocuklarının her birinin mutluluğu için kanının her damlasını akıtmaya hazır olduğunu yazmıştı; ne var ki Kafka'nın romanlarından çocukluğunun ne kadar acı geçtiğini anlamak zor değil.[94] James Joyce, Proust, Kafka gibi acılı bir çocukluk

94 Kafka, küçük bir çocukken, anne-babasıyla aynı odada yatmaktadır. Bir gece uyanır, susamıştır; su ister. Babası onu balkona çıkarır; küçük çocuk soğukta çıplak ayaklarıyla dikilirken kapıyı üzerine kilitler. *Dava*'daki K.'nın suçu, küçük Kafka'nın ne olduğunu bilemediği,

geçirmemiş olan Goethe'nin annesinin mektuplarında ise, oğluna evlatlık bilinci, ahlakı dayatan hiçbir şey yoktur. Annesi tarafından saygı duyulan bir evlat olarak büyütüldüğünü Goethe'nin yapıtlarında da hissederiz.

Alice Miller bütün yapıtlarında, geleneksel anne-babalığın, çocuğun gerçek benliğini (true self) derine gömdüğünü, çocukta ne şekilde sevilecekse o şekilde davranmayı tetikleyen bir sahte benlik (false self)[95] inşa ettiğini anlatıyor. *Yetenekli Çocuğun Dramı* (*The Drama of the Gifted Child*) kitabının alt başlığı, "*yetenekli* çocuk" olmak suretiyle kaybettiğimiz *Gerçek Benliğin Keşfi* (*The Search for the True Self*). Miller, edebiyatçıların, ailelerine ve dünyaya uyum sağlamak yoluyla kaybettikleri gerçek benliklerinin yapıtlarında nasıl açığa çıktığını, sanatın kişi için neden ve nasıl bir içsel kurtuluş olduğunu analiz ediyor. Samuel Beckett'ın ailesiyle yaşadığını inkâr ettiği iletişimsizlik hissi, yapıtlarında fazlasıyla vardır.

Çocuk Hakları ve Yükümlülükleri

Geçenlerde bir anne Instagram'da, yirmi sekiz aylık kızının fotoğrafını paylaşmış. Çocuk, ayakkabılarını giymiş, evin kapısı önünde bekliyor. "Ona kalsa giyindiği gibi dışarı çıkmalı insan. Ne bir iş ne bir sorumluluğun farkında tabii. Yarım saat

---

çözemediği suçudur. Kafka'nın çocukluğu boyunca yaşadığı iletişimsizlik, hislerine hiçbir şekilde karşılık vermeyen ortamı, anne-babasının, evde çalışanların küçük çocuğun durumuna duyarsızlığı, his olarak Kafka'nın bütün eserlerinde mevcuttur. Alice Miller *Thou Shalt Not Be Aware* (Farkına Varmayacaksın) kitabında "Literature: Franz Kafka's Suffering" (Edebiyat: Franz Kafka'nın Acısı, s. 242-306) başlıklı uzun bir bölümde Kafka'nın hayatını ve genel olarak edebiyatçıların neden acı bir çocukluk geçirdiğini yetkin biçimde analiz ediyor. Miller'ın da değindiği gibi, yaratıcılığın kaynağı, nevroz değildir –nevroz sadece sonuçtur–, yaratıcılığın kaynağı, insanın acı çekme kapasitesidir. (bkz. s. 305)

95 *Yazma Cesareti* ve *Fildişi Kuyu* kitaplarımda, gerçek benlik (true self) ve sahte benlik (false self) kavramlarını uzun uzun anlatıyor, yaratıcı olabilenin neden sadece ve sadece gerçek benliğimiz olduğunu örneklerle açıklıyorum.

beklemesi lazım beni, haberi yok. :) Hayat size güzel be çocuklar. Sizin kadar gamsız olmayı isterdim." diyerek paylaşmış anne bu fotoğrafı.

"Ne bir iş ne bir sorumluluğun farkında tabii." cümlesindeki "tabii", çocuğun "hiçbir şeyin farkında olmaması"nın doğallığını teslim eden bir ifade. Bu kabulle birlikte, "Ne bir iş ne bir sorumluluk" derken annenin burada kendi işinin ve sorumluluğunun yükünü hissettiği, *ve bu yükü çocuğun rahatlığı karşısında hissettiği* ise açık. Nitekim "Hayat size güzel be çocuklar. Sizin kadar gamsız olmayı isterdim." de ebeveynlerin sıklıkla rastladığımız "Benim sorumluluklarım çok fazla, bu çocuksa özgür. Bu çocuk yüzünden çok iş yapıyorum, o ise rahatça geziyor. Evet, böyle davranmaya, gamsız olmaya hakkı var, ama benim yok." düşüncesini, çocukların hayatına duyulan özenmeyi gösteriyor.

Anne-babaların çocuklarını kıskandıklarını, kendi çocukluklarıyla veya halihazırdaki durumlarıyla çocuğunkini kıyaslamanın bunun bir göstergesi olduğunu *İyi Aile Yoktur*'da anlatmıştım. Bir annenin, o sırada neşeyle koşturmakta olan beş yaşındaki kızına imrenmeyle bakarak "Şuna bak, hayatının en mutlu zamanları. Dert yok, tasa yok." dediğini, çocuğun halasının da bu yoruma –çocuğa karşı alayla– "Ona sorsan ne çok derdi vardır kimbilir!" diye karşılık verdiğini, sonra gülüştüklerini duymuştum. "Ben mutsuzum. Çocuk mutlu. Ben şanssızım. Çocuk şanslı. Ben işlerime yetişemiyorum. Çocuk boş geziyor. Benim şartlarım daha zor." gibi düşünceler, çocuğun neden ve nasıl mutsuz olduğunu/olabileceğini görmemizi engeller, çocuğa karşı örtük şekilde de olsa sitemi, suçlamayı, kendi hayatımızın ve tercihlerimizin yükünden onu mesul tutmamızı barındırır. Bizim işlerimiz ve yükümlülüklerimiz altında ezilmemiz, çocuğumuzla ilgili değildir. Getireceği yükümlülükleri göze alamıyorsak çocuk sahibi olmamayı tercih etme hakkımız var.

Hukuk fakültesi mezunu Nihal Bengisu Karaca, 24 Kasım

2010 tarihli Habertürk gazetesindeki yazısında, yanlarında kızlarıyla okul kapısında biten ve kızlarının artık dinen reşit olduğunu, başlarını örtmeleri gerektiğini söyleyen, okulun da bu durumda onları örtülü şekilde kabul etmesi gerektiğinde direten babaları anlatıyordu. Yüzünü kapatan, ama ağladığı belli olan 13-14 yaşındaki kızları görünce içinin burkulduğunu yazmıştı Nihal Bengisu Karaca. Haklarında konuşulan, okul ve aile arasındaki tartışmanın nesnesi olan onlardı, ama bu tartışmada birey olarak var bulunmuyorlardı. Karaca, burada babanın gösterdiği dinî gerekçenin sadece tek yönüyle yorumlanmasına dikkat çekiyordu:

> Nedense hiç üzerinde durulmuyor, bir genç kızın akil ve baliğ olması teorik olarak şu anlama da geliyor:
> Bu eşikte artık o genç kız bazı hak ve borçlara ehildir, senet imzalayabilir, kendisine ait malları satabilir, eğitim şeklini seçebilir, suç işlerse yetişkinler gibi muamele görür, evlilik tekliflerini değerlendirebilir, hatta evlilik teklif edebilir.
>
> "Pratikte" bunların gerçekleşme ihtimali yoktur. Manzara şudur: Din "Artık yetişkinsin, hem hakların hem yükümlülüklerin var" der. Baba "Onu bunu boşver, sadece yükümlülüklerin var, başını örtmek gibi" der.[96]

Bu kitapta, dinî olduğuna inandırıldığımız birçok yaygın söylemin aslında din düşüncesini kullanarak çocuğu/genci/bireyi baskı altında tutmaya yönelik kişisel ve toplumsal çıkarlara dayandığını anlatmaya çalıştım. Din bunun için bir vasıta olarak kullanılsın ya da kullanılmasın, çocukların/bireylerin hakları hiçe sayılırken salt yükümlülüklere vurgu yapılması, özellikle aile kavramı etrafında sık rastladığımız bir şey. Halbuki "yükümlülük" dediğimiz şey, haklarla beraber doğar ve onların bir parçası olarak var bulunurlar.

96 https://www.haberturk.com/yazarlar/nihal-bengisu-karaca/564431-iki-resit-arasinda#, 15 Şubat 2019 tarihinde ulaşıldığı şekliyle

Bugün "çocuk hakları" ifadesi, hemen herkesin sonuna kadar arkasında olduğunu söyleyeceği, hepimize sempatik gelen bir ifade. Ama bir yetişkinin "Hayat size güzel be çocuklar." yazmasının "çocuk hakları"na karşı bir sitem, çocukların çocuk olarak var olabilmesi hakkına karşı acı bir incinme barındırdığını fark etmiyoruz. Çocuklarımızı büyütürken gece gündüz uğraş vermemiz, bu sırada çektiğimiz sıkıntı, bize böyle konuşabilme hakkını vermiyor. Böyle bir hakkımız olduğuna inanmamız, "çocuk hakları"nın sınırlarını aşmakta.

Acıya Dayanmakla Övünenler, En Fazla Acı Çekenlerdir

Bir acıya dayanmakla övünenler, en fazla acı çekenlerdir. En çok acı çekenlerin, en büyük acılara en uzun süre katlananlar olduğu gibi. Bu döngüyü kırmak için, acı karşısında tepki vermeyi öğrenmek gerekir. Kız çocuklarının eğitimi, acı çektiğini dahi fark etmeyen, acıyı alıp kabullenmeyi, onu sessizce çekmeyi öğrenen kadınlar doğurmuştur. Kadınlar acıları katlanılmaz raddeye geldiğinde artık onu fark ve ifade ettiklerinde, abartmakla suçlanırlar. Acılarını sessizce, hiç tepki vermeden çektikleri tüm o süre, insanların gözünde anlaşılmaz kalır çünkü.

İnsanlar "kadın" deyince zihinlerinde bir şey yaratıyor, sonra da zihinlerinde yarattıklara kadına uymanızı istiyorlar. Bunu yaparken baskı uyguladıklarının da farkında değiller, ama bu baskı her yerde. Hayatta kendinize ait herhangi bir şey yaratmış bir kadınsanız, size dayatılan bu baskıya bir yerden çizgi çekmediğiniz sürece herhangi bir iş ortaya koymanızın imkânsız olduğunu biliyorsunuzdur. Hem bütün nevresimlerim, havlularım ütülü olsun, hem bütün yemeklerim yapılmış olsun, hem de kitap yazayım/resim yapayım/herhangi bir işle ciddi şekilde uğraşayım diyorsanız, bu, başarması mümkün olmayan bir hayaldir. Fakat şunu da söylemek isterim; bence pislik içinde yaşasanız bile bu, dünyanın bir kadın için uygun gördüğü, o bomboş, kendisini tekrardan ibaret hayattan bin kat evladır. Bir kadın arkadaşım, kazandığı paranın tamamını ev işlerini yapacak birine vermeye razıydı; bu sayede, eline hiç para geçmese de kendi hayatını kendisi yaratıyordu.

Clarrisa Pinkola Estés şöyle diyor:

> Evleri, eşleri ya da çocukları için çok pahalı şeyler satın almak amacıyla hor gördükleri işlerde çok uzun saatler boyunca çalışan kadınlar gördüm. Bunlar küçümsenemeyecek yeteneklerini arkadaki ocağa atarlar. Yazı yazmaya oturmadan önce evdeki her şeyi temizlemekte ısrar eden kadınlar gördüm... elbette, ev temizliğinin tuhaf yanını biliyor olmalısınız... asla sonu gelmez. Bir kadını durdurmanın en iyi yoludur.
>
> Bir kadın aşırı-sorumluluğun (ya da aşırı saygınlığın) kendisine gerekli olan yaratıcı dinlenme, mola ve esrime anlarını çalmasına izin vermemeye dikkat etmelidir. Basitçe ayak diremeli ve yapıyor olması "gerektiğine" inandığı şeylerin yarısına hayır demelidir. Sanat yalnızca çalınmış anlarda yaratılmak için düşünülmemiştir.
>
> Bir kadın, yaratıcı bir fikri düzenlemeye çalıştığında ve bu fikir bir şekilde rüzgârda savrulmaya devam ettiğinde, plan ve projeleri de rüzgâra yakalanmış gibi savrulur ve kadının kafası giderek daha fazla karışıp düzensizleşir. Fikirleri oturmuş bir düzeni takip etmemektedir, çünkü tüm bunları yazıya dökecek ve düzenleyecek zamanı bir kez daha yoktur ya da başka bir yığın şey tarafından çağrıldığı için konumunu kaybeder ve tekrar toparlanamaz.
>
> Bir kadının yaratıcı süreci çevresindekiler tarafından yanlış anlaşılmış ya da saygı görmemiş de olabilir.[97]

---

97 A.g.e., s. 341

Estés, "görülmeyen dünyadaki imgeyi getirip var etme" sürecinin bir kadın için ne kadar zor olduğunu anlatıyor. "Sonsuz anne" (eternal mother) dediği sembolik annenin karnının, doğacak tüm bebekleri taşıdığına, yaratıcı içgüdünün, benliğin lirik dili olduğuna değiniyor. Anlattığına göre, yaratıcı hayat, bir nehir gibi gerçekleşir. Yaratıcı kuvvet, psişelerimizin topraklarından akarak, içimizde mevcut olan kanalları, yani nehirleri arar. Halbuki çoğu kadında nehir, atıklarla dolu ve tıkalıdır; yaratıcı hayatlarımız için nehri temizlememiz gerekmektedir. Nehirdeki kirlenme, üretilen hayat değil, tersine, hayatın engellenmesidir. "Çok azımız sadece kendi gücümüzle yaratabiliriz."[98] Estés, "nehir artıklarla doldukça, akıntı da yaratıcı psişenin diğer yönlerini, özellikle de *kadının doğmamış çocuğunu, zehirlemeye* başlar."[99] diyor. Burada "kadının doğmamış çocuğu"nu hem reel hem sembolik çocuk, kadının kendisinden yarattığı kendisi, ya da yarattığı eserler, yarattığı hayat olarak düşünebiliriz. Estés, kültürün genellikle çözümsüz ve anlamsız sorularla kadını baskı altına aldığını, onu harekete geçiren animus'unu sürgünde tuttuğuna değiniyor.

> Bu sorular sanki kompleksler geçerliymiş gibi bir hava yaratarak birçok kadını sindirir: "Ama sen *gerçek* bir yazar (sanatçı, anne, kız çocuk, kız kardeş, eş, sevgili, dansçı, kişi) mısın?" "*Gerçekten* yetenekli (zeki, değerli) misin?" "Gerçekten söylemeye değecek (aydınlatıcı, insanlığa yardımcı olacak, şarbona çare bulacak) bir şeyin var mı?"[100]

Kadınların yaratıcı bir iş ortaya çıkarmasının engellenemediği durumlarda, yaptığı işin değeri, niteliği bu şekilde sorgulanır. Kadınların ortaya çıkardığı işi küçümseme temayülü, kendi-

98 A.g.e., s. 357

99 A.g.e., s. 346, italik bana ait

100 A.g.e., s. 349

sini bu önyargılardan bağımsızlaştırdığını zanneden eğitimli insanlarda bile çok yaygındır.

Estés, nehri temizlemenin yollarına değiniyor. Birkaçını burada paylaşacağım:

Tepki verin; nehri temizlemenin yolu budur. ... Yaratmak için, tepki verebilmek gerekir. Yaratıcılık, çevremizde olup biten her şeye duyarlı olma, içimizde doğan yüzlerce düşünce, duygu, eylem ve yanıt olasılığı arasından seçim yapma ve bunları önem, tutku ve anlam taşıyan tek bir yanıt, ifade ya da iletide bir araya getirme yeteneğidir. Bu anlamda, yaratıcı ortamın yitirilmesi, kendimizi tek bir seçenekle sınırlanmış, yoksun, duygu ve düşünceleri baskılanmış ya da sansürlenmiş, hareket etmeyen, konuşmayan, yapmayan veya olmayan biri gibi hissetmemiz demektir.

Vahşi olun; nehri temizlemenin yolu budur. İlk başta nehir kirli akmaz, buna biz neden oluruz. Nehir kurumaz, onu biz tıkarız. Eğer onu özgürleştirmek istiyorsak, kendi düşünsel hayatlarımızın özgürce akmasına, daha işin başında hiçbir şeyi sansürlemeden her şeyin ortaya çıkmasına izin vermemiz gerekir. İşte yaratıcı hayat budur.

...

Başlayın; kirlenmiş nehri temizlemenin yolu budur. Eğer korkuyorsanız, başarısız olmaktan korkuyorsanız, size hemen başlayın derim, gerekirse başarısız olun, toparlanın, yeniden başlayın. Tekrar başarısız olursanız, başarısız olursunuz. Ne fark eder? Tekrar başlayın.

...

Zamanınızı koruyun; kirleticileri kovmanın yolu budur. Kayalık Dağları'ndan tanıdığım öfkeli bir ressam resim yapma ya da düşünme havasında olduğunda evine giden yolu kapatan zincirin üzerine şu levhayı asar: "Bugün çalışıyorum ve ziyaretçi kabul etmiyorum. Biliyorum, benim bankacım, temsilcim, en iyi dostum olduğunuz için bunun sizi içermediğinizi düşünüyorsunuz. Ama içeriyor."

Tanıdığım bir heykeltıraş ise giriş kapısına şu levhayı asar: "Piyangoyu kazanmadığım ya da İsa, Old Taos otoyolunda görülmediği sürece rahatsız etmeyin." Görebileceğiniz gibi, iyi gelişmiş animusun mükemmel sınırları vardır.[101]

"Animus", Jung psikolojisinde, kadının içinde taşıdığı erkek tarafı anlamına geliyor. Estés'in, yaratıcılığı, yaratıcılığın neden ve nasıl engellendiğini, yaratıcı hayatımızı simgeleyen nehri açmak ve akmasını sağlamak için neler yapabileceğimizi anlatırken söyledikleri, kadın erkek herkes için geçerli; ancak, yaşadığımız dünya nedeniyle, kadınlar bu engelleri ve baskıları çok daha güçlü şekilde yaşıyorlar. Estés'in listesi uzayıp gidiyor; ancak burada örnek verdiğim dört madde de, ve yaratıcı hayatın nehrini açmak için yapılması gereken başka şeyler de, bir kadın için yapması çok daha zor olan şeyler. İşte bu yüzden, ister salt entelektüel ister sanatsal bir şey yaratmak için, kadının herkes tarafından korkutulan, sindirilen animus tarafını güçlendirmesi gerekiyor. Estés'in de vurguladığı gibi, bir kadının sınır koyamadığı müddetçe yaratabilmesi, çok zor. Çünkü dünya bir kız çocuğunun kız olduğunu bildiği andan itibaren, onun bütün sınırlarına müdahale etmeyi müdahaleden saymıyor. Dünya, kadını, en baştan tanımlıyor.

Kendisini Kazana Atan Gagavuz Kızın Masalı

Ortaokuldayken Gagavuz Türklerinin masallarını anlatan bir kitap bulmuştum kütüphanede. Anne babasını mutlu etmek için bütün gün çırpınan, ama nedense bunu her an gülücük-

[101] A.g.e., s. 351

lerle yapan, çok iyi ve çok mutlu bir kız çocuğunu anlatıyordu masal. Bir sabah anne ve babası uzak bir yere giderler ve gitmeden önce kıza, o gün evi silip süpürmesini, hayvanlara yem vermesini, ormandan odun toplayıp getirmesini, odunları kesmesini, daha bir sürü iş yaptıktan sonra da akşama çorba pişirmesini söylerler. Çocuk her zamanki gülen yüzüyle "Tabii!" der ve sonra arı gibi, normal bir insanın bir gün içinde yapmasının imkânsız olduğu işleri yapmaya koyulur. Her şeyi eksiksiz, anne babasının istediğinden de iyi şekilde yapar. Ne var ki sıra sonunda akşam çorbayı pişirmeye geldiğince, çorbanın ateşini bir türlü yakamaz. Odunlar alev almıyordur. Fakat çocuk, ne olursa olsun anne-babasının ondan istediği şeyi yapmalıdır. Bu yüzden, çorbanın ateşini yakmak için var olan tek yola başvurur. O da kendisini çorba kazanının içine atmaktır. Kız kendisini çorba kazanının içine atınca kızın ateşiyle çorba pişer. Ortaya nefis şekilde pişmiş bir çorba çıkar. Anne babası eve gelip de sıcak, pişmiş bir çorba görünce, kızın yokluğundan, çocuğun ateşi yakamadığını ve ateşi yakmak için kendisini çorbanın içine atarak ortaya bu kadar güzel bir çorba çıkmasını sağladığını anlarlar. Bu duruma çok üzülürler.

Böyle bir şeyin çocuk masalı diye, ve sanki çok normal bir şey anlatıyormuş gibi kitabın içinde bulunmasına çok şaşırmıştım okuyunca. Ertesi sabah servisle okula giderken, okulun biyoloji öğretmeni olan bir kadın yanıma oturdu. Nasıl olduğumu sordu. Önceki akşam dehşet verici bir masal okuduğumu ve masalın etkisinden bir türlü çıkamadığımı söyledim, masalı anlattım. "Olacak şey değil!" gibi bir tepki bekliyordum. Gerçekten de "Aaa, sahi mi!" dedi ve masalı görmek istedi. Okuyunca, "Eveet, çok ilginç, gerçekten böyle diyor!" dedi. Etrafta bizi dinleyen, diyaloğun bir parçası olan başka öğrenciler de vardı. Sonra bu öğretmen, bu öğrencilere, "Ah, kız anne-babasının dediğini yapmak için kendisini çorbaya atıp pişiriyor! Şu söz dinleme aşkına bak! Siz olsanız hayatta yapmazsınız; hainler! Anne-babanızın sözünü dinlemezsiniz." dedi. Onu dinleyen öğrenciler de "Evet hocam, biz yapamazdık... Anne-babamızın da sözünü dinlememiş olurduk." dediler kendilerini suçlayan bir tavırla.

"Kız ölüyor!" dedim; "Anne babasının eve gelip kız yerine güzel bir çorba bulması daha mı iyi? Anne-babanın söylediği basit bir işi yapmak için kendisini feda etmesi o anne-babayı mutlu edecek değil ya sonuçta!" "Hayır, mesele kızın ölmesi değil," dedi öğretmen ciddi bir tavırla; "Evet, anne baba üzülüyor tabii, ama kızın anne-babasının söylediği bir işi yapmak için kendisini düşünmeden feda etmesi çok güzel. Kızın anne-babasının söylediği işi bedeli ne olursa olsun yapmaya çalışması çok güzel. Olması gerekeni anlatan, çok faydalı bir masalmış. Bugün bunu derste öğrencilere anlatacağım. Bu kızdan örnek alıp anne-baba sözü dinlemenin önemini anlasınlar."

Bu masal, dinleyen her insanın tüylerini diken diken etse de masalın içindeki fikri –bu öğretmen gibi direkt şekilde olmasa da– güzel, doğru bulan çok insan var. Halbuki doğru bir şey, insanın tüylerini diken diken etmez, doğru bir şey aynı zamanda kötü olmaz. "Evet, ölmesi kötü tabii." ve "Ama, işte, yine de yaptığı doğru." cümlelerini aynı insanın bir arada kurabilmesi, anne-babaya itaat etmeyi yücelten sözde kutsal öğretinin kendiliğinden barındırdığı çelişkiyi de gösteriyor.

Bu masaldaki ve kurban meselindeki fikri günlük hayatımızın bir parçası olarak dünyayla birlikte yaşıyoruz maalesef. Şöyle bir örnek vereyim: Vaktimiz, hayatımızdır. Vaktimizin geçmesi hayatımızın da geçmesidir ve o vakti nasıl doldurduğumuz hayatımızla ne yaptığımızın bizzat kendisidir. Bir anne-babanın, çocuğundan bütün gününü kendi istedikleri, kendi belirledikleri işlerle doldurmasını istemek, zaten o çocuğu anne-baba için öldürmekle eş anlamlı değil mi? Bir çocuğun anne-babasının istediği işleri yaptıkça mutlu olması, yani anne-baba mutlu oldukça mutlu olması, kendisine ait hisleri, iradesi, tercihleri, hayatı olmaması, o çocuğu zaten baştan öldürmekle eş anlamlı değil mi? Bu masal, sonunda çocuk gerçek anlamda ölmese bile çocuğu kurban etmek üzerine zaten. Anne-babanın eve gelince kızı değil ama nefis çorbayı bulması gibi, anne-baba çocuğa çok iş yaptırdığında, eve gelince nefis şekilde yapılmış işler bulur belki, ama bu işler, kendilerinin bedeli olarak çocuğun var olmaması demektir.

Ebeveynin Duygusal Anlamda Ölümü

Gagavuz masalındaki çocuğun ölümünü, ebeveynlerin çocuk için duygusal anlamda ölümü olarak yorumlayabiliriz. Ebeveynler, çocuğun duygusal ihtiyaçlarına karşılık veremediği için çocuk yaşayamamıştır. *İyi Aile Yoktur*'da, dokunulmadıkları için öldüklerini anlattığım bebekler gibi. Masaldaki ebeveynin davranışını normalize eden toplum da çocuğun katline ortak oluyor böylece.

Gizli Özne romanım, birbirine zıt koşullarda büyüyen ve hayatta birbirine zıt şeyler isteyen Bihter ve Revnâ karakterleriyle iki ayrı koldan ilerliyordu. Bihter, köklü bir aile kurumunda, korunaklı bir "yuva"da, onu sevip kolladıklarına inanan anne-babasıyla büyüyen bir kız çocuğuydu. Revnâ ise yetiştirme yurdunda büyüyor, aile kurarak, kendisini dışında hissettiği toplumun bir parçası olmak istiyordu. Kendi geçmişi ve ailesi, Revnâ'nın kaçtığı şeylerdi. Çünkü Revnâ üç yaşındayken, ölü annesiyle aynı evde bir hafta boyunca yalnız kalmıştı. Şimdi "anne" denince, bir ölünün açık gözleri, ona cevap vermeyen suratı, kaskatılığı geliyordu aklına. Revnâ cesetle geçirdiği haftayı çağrıştıran unsurlarla karşılaştığında fenalaşıyor, hatta nedenini kimsenin anlayamadığı baygınlıklar geçiriyordu.

Revnâ'nın Bihter'inkinden tamamen ayrı bir kolda anlatılan hikâyesini, Bihter'in iç gerçekliğine akis olarak yarattığımı çok sonra anladım. Hep yanında olan annesi Bihter'in duygusal dünyasında ölüydü, Bihter'in hislerine karşılık veremiyordu, Bihter tarafından içsel olarak kaskatı hissediliyordu. Revnâ'nın, baş başa kaldığı bir ölü olarak hatırladığı için içini ürperten annesi, aslında sembolik olarak Bihter'in annesiydi. Revnâ'nın içinde büyüdüğü fiziksel yalnızlık, Bihter'in duygusal yalnızlığıydı. Revnâ ailesizdi; çünkü roman aslında Bihter'in ailesizliği üzerine kuruluydu. Revnâ aile kurup kalabalıklara karışmak istiyordu, çünkü Bihter içindeki yalnızlığı iyileştirmek, içini çoğaltmak, güçlendirmek istiyordu. Revnâ'nın ölü bir anneyle baş başa hapsedildiği ev, Bihter'in ölü annesiyle baş başa hapsedildiği çocukluğu, ölü bir anneden başka hiç kimsenin yakınlığını duyamadığı iç dünyasıydı. Fakat herkes Bihter'i böyle bir aileye sahip olduğu için şanslı görüyor, Revnâ'nın acılarını ise, yetiştirme yurdunda büyüdüğü için anlaşılır buluyorlardı.

Anne-baba, öğretmen, toplum çocuk için duygusal anlamda çoğu durumda zaten ölüdür ve bu da çocukları duygusal olarak öldürmektedir, masaldaki kızı öldürdüğü gibi. Buna birkaç örnek vereceğim.

Gaye Elmas Ünver, çocukluğunda, hastalandığı zaman anne babasının ona her zamankinden daha çok duygusal ilgi ve şefkat gösterdiğini keşfetmiş. "Normalde yapılmayan her şey yapılıyordu o zaman. Daha sakin, benim için daha endişeli, sevgi dolu, değer veren ebeveynler; sanki daha huzurlu bir ev oluyordu evimiz." diyor. Okula gitmek istemediğinde, babası okula neden gitmek istemediğini hiç sorgulamadan "Hayır! Gidilecek!" diye kızarmış ve çocuk Gaye "Ben bugün okula gitmesem... Biraz hasta gibiyim de." gibi bahanelerle evde kalmaya çalıştığında da numara yaptığı söylenirmiş. Evet, çocuk Gaye okula gitmek istememesinden yahut başka nedenlerden dolayı kendisine kızmayan, anlayışlı, olumlu ilgi ve sevgi dolu ebeveynler istediği için hasta numarası yapıyormuş gerçekten, ama numara yapmakla suçlanınca on yaşındaki Gaye kendisini gerçekten de hasta etmiş ve kalıcı, ağır bir diyabet hastalığına yakalanmış.

Freud'un, çocuklarından biri hastalandığında ona ciddi bir merakla "Neden hastalandın?" diye sorması, hiç anlamsız değildi. Gaye Hanım, hasta olmanın, çocuk Gaye için kendi dilinde "Ben yalancı değilim. Sadece sormadığınız, dinlemediğiniz, kendimce küçük dünyamda önemli olan hislerim var, beni görün, duyun, tanıyın." demek olduğunu söylüyor. Duygusal ihtiyaçlarına başka şekilde karşılık bulamayan çocuk, son çare olarak kendisini *gerçekten* hasta etmeye mecbur kalmış olmalı.

Babasının çocuk Gaye'yi anlamasının önüne geçen çok sayıda engel olsa gerek. Bunlardan biri, kuşkusuz, çocuğun okula gitmesi gerektiği, okulun çocuk için iyi olacağı düşüncesi ve bu düşünceyi çocuğun kendisinden önde tutmak. Toplumun bize "Başka türlü olmaz." diye öğrettiği şeylere inandığımız oranda çocuklarımızı sakatlıyoruz, onları göremiyoruz, anlayamıyoruz, tanıyamıyoruz.

*

Rafia Duman, gözünü kapattığında her tür otoritenin yüzünde canlandığını söylediği ilkokul öğretmeniyle beş yıl boyunca hiç konuşamamış. Konuşabilen, karşı çıkabilen sesinin bir parçasının bu öğretmen tarafından öldürüldüğünü zannediyorum:

> 5,5 yaşımı biraz geçerken ilkokula başladım. Öz-değerimi geç idrak etmemin, otuzlu yaşlarımın başında hâlâ "hayır diyememe" sorunuyla mücadele ediyor oluşumun en büyük sebeplerinden biri olan ilkokul öğretmenimle işte o zaman tanıştım. Okulun ilk günü, bahçede bir örnek giydirilmiş sınıf arkadaşlarımla birlikte bir müddet sırada kıpırtısız durduktan sonra, tek sıra hâlinde bize çizilmiş paralel çizgileri hiç aşmadan sınıfa girip numara sıramıza uygun oturtulduk.

Öğretmenimiz sınıfımıza ilk kez seslenmek üzere tahtanın önünde dimdik durdu ve söze başladı. Parmak kaldırmadan asla konuşamayacağımızı, çöp atmak için yerimizden kalkamayacağımızı, beslenme saati dışında bir şeyler yeyip içemeyeceğimizi ve daha bir sürü şeyi yapamayacağımızı anlattı.

Bu tanışma şeklini pek sevmemiştim, yine de saydığı kuralların hiçbirinin dışına çıkmadan, parmağımı kaldırıp söz aldım.

"Öğretmenim, senin adın ne?" diye soruverdim.

"Otur yerine, öğretmenle sen diye konuşulmaz!" diye bağırdı.

Tam 5 sene boyunca bir daha asla onunla ikili diyaloğa giremedim.

Aynı öğretmenin belirli günler ve haftalarda yapılan törenlerde hazır bulunulması ile ilgili çok sıkı kuralları vardı. Üçüncü sınıfa gittiğim yıl 23 Nisan ve 19 Mayıs'ta ailem cenaze sebebiyle beni bu törenlere götüremedi. Her iki töreni takip eden okul gününde velim olmadan okula gidemedim. Öğretmenimle tek başıma mücadele edemezdim, korkuyordum. Çok otoriter bir kadın olan babaannemle birlikte gittik okula. Benim ve tüm sınıf arkadaşlarımın gözleri önünde babaannemi aşağıdaki sözlerle payladı öğretmenim: "Ailenizin soyu kuruyor galiba, ne hikmetse özel günlerde ölüyorsunuz! Hangi koşullarda olursanız olun, çocuklar törenlerde hazır bulunsun!"

Belki hiçbir şey düşünmemizi, sorgulayan bir zihne sahip olmamızı istemiyordu. Otoritesine muhtemel tehlikelerdik belki nazarında. Tam da bu sebeple 5-6 saat sürecek ödevler verirdi. Herhangi bir sebeple o ödevleri yapamadığımda, (babamın 45 gün yoğun bakımda kalması, evdeki tadilat v.s.) okula gidemezdim. Çünkü ödevimi yapmadığımda başıma gelecekleri bilirdim.

İşte tüm bu yaşadıklarımdan sonra, devlet gibi fizikî varlığı olmayan, yüzünü göremediğim her türlü otorite, gözümü kapattığımda onun yüzüyle canlanır zihnimde.

*

Kayseri'de bir ilkokul öğretmeni olan Hacer Çiftçi, öğretmenliğinin ilk yıllarına dair bir anısını şöyle anlatıyor:

> Öğretmenlerin en sevmediği şey, sınıfın kapısı çalınmadan ve izin istenmeden sınıfa girilmesidir. Normalde içeri giren bir veli ya da sıradan biri ise bu affedilmez pek. Fakat gelen idarî amirlerden ya da müfettişlerden biri ise kapıyı kafamıza geçirse pek sesimiz çıkmaz. Burada bizim bu sessiz tavrımız, onların bu nezaketsizliğini makamlarının verdiği bir hak gibi görüp önceden kabullenmiş olmaktan başkası değil...
>
> Bir gün çat kapı sınıfa gelen müfettiş, benim duyduğum rahatsızlığı umursamadan gayet içten bir şekilde sordu: "Çocuklaar, öğretmeninizi seviyor musunuz?" (Besbelli yeni. Bu kadar tehlikeli başka bir soru daha yoktur sanırım çocuklara sorulacak.) Hepsi beraber "Eeeeeveett!""dediler.
>
> "Peki size kızıyor mu hiç öğretmeniniz?" (Burada çocukları etkilememek için masada bir şeylerle ilgileniyormuş gibi yapıyorum.) "??" (Birbirlerine bakışmalar) Canan bu soruyu "Öğretmen hem döver hem sever. Hem kızınca bizim iyiliğimiz için kızıyor." diye yanıtladı. Ben kızardım, müfettiş kızardı. Sonradan fark ettim ki çocukları, onlara kızabileceğimize hatta onları dövebileceğimize ikna etmişiz. Bu duruma o kadar razılar ki, öğretmeninden azar işiten bir çocuk, kimin haklı olduğuna bakmaksızın öğretmenini etkilemek, onunla konuşmak, onu güldürmek için türlü şaklabanlıklar yapmaya başlar.

*

Son olarak, kendi çocukluğumdan bir örnek vereceğim. Büyüdüğüm evin çirkin olmamakla birlikte beni her zaman boğmuş olduğunu çok sonra anladım. Evin beni rahatsız ettiğini akıl dahi edemeyecek türde bir çocuktum, ama zannederim yedi yaşındayken, kendi odama dair uzun uzun düşündükten sonra anneme açıldım. Odamda iki kapılı ahşap bir dolap, ahşap bir yatak, ahşap bir komodin, duvarda da büyük, güzel bir tablo vardı ve yerler bej rengi halıyla döşeliydi. Yani bu, kötü bir oda değildi; ama çocuk odası olduğunu belli edebilecek hiçbir özelliği yoktu, ben de odada *kendimden bir şey* göremiyordum ve bu beni çok ciddi şekilde rahatsız ediyordu.[102] (Nitekim, söylediğim gibi, rahatsızlığım ciddi olmasa bunu akıl edip de anneme açılabilecek bir çocuk değildim.) Çok çekinerek, odamda değişiklik yapıp yapamayacağımı sorduğumda annemin tepkisi çok olumlu ve destekleyici oldu. Hatta bu tepki o kadar olumlu ve destekleyiciydi ki inanamıyordum. "Gerçekten mi? Gerçekten ne istersem yapabilir miyim?" diye tekrar edip duruyordum duyduğum şeye inanamayarak. Annem de "Tabii ki! O senin odan. Her ne istersen yapabilirsin." diyordu sevecenlikle. "Ne istersem mi?" diyordum; "Tabii ki; ne istersen!" diye cevap veriyordu ve nedense bu isteğimden mutlu şekilde yapıyordu bunu.

Heyecanla, mutluluktan zıplayarak işe koyuldum. İçim içime sığmıyordu ve bunu *yapabildiğime*, bunu yapabilme özgürlüğünün elime verilebildiğine inanamıyordum hâlâ. Yine de korkuyordum. Her adımımı "Bunu gerçekten yapabilir miyim? Ya bu anneme 'fazla' gelirse? Ya bu değişikliği istemezse?" diye sorguluyor, bir yandan da, "Hayır, ne istersem yapabileceğimi bana kendisi söyledi. Kendisi söyledi. Kendisi söyledi." diyordum. Bana kalsa, çizdiğim resimlerden birkaç tanesini duvara ya da dolabıma yapıştırırdım. Ama bunun anneme "çok

---

[102] Enneagramı 4 olan kimseler, kendilerine estetik ortam yaratamadıklarında, yaşamaya mecbur bırakıldıklarını hissettikleri ortamdan rahatsızlıkları nispetinde bunalıma girebiliyorlar.

fazla" geleceğini tahmin ederek, böyle bir şeye teşebbüs etmedim bile. Dolaptan oyuncak sepetini çıkardım sadece. Ve bazı oyuncakları etrafa koydum. Komodinin üzerindeki ciddi saati kenara ittim ve oraya bir iki oyuncak yerleştirdim. Büyük bir oyuncağı dışarı, *yere* koymaya cüret ettim. Yaparken hem çok mutlu olduğum, kendi kendime sürekli "Bu çok güzel oldu! Çok güzel oldu! Annem bu fikre bayılacak! Bunu *yapabildiğime* inanamıyorum!" dediğim, hem de "Ama bu çok çılgın bir fikir! Ya annem kızarsa?" diyerek kendimi sorguladığım bir şey vardı; bu aklıma geldiğinde bugün bile, şimdi bunu söylerken bile kendimden utanıyorum; bir bebeğin çıkarılabilen başını çıkararak yatağımın ahşap direğinin üzerine geçirdim. Yatakta şimdi az da olsa *çocuk* yatağı olduğuna dair bir işaret olduğuna inanamıyordum; bu beni çok mutlu etmişti. Elimdeki yegane çocuk malzemeleri bunlardı ve imkânlarım dahilinde odaya biraz *çocuk* havası vermeye çalışmıştım sadece. Çocuk mobilyaları, tabloları, biblolar olabileceğini, bunların bir şekilde edinilebileceğini akıl dahi edemiyordum.

Odayı anneme göstermeden önce korkuyordum. Yine de, "Her ne istersen yapabilirsin!" dediğini hatırlatıp duruyordum kendime ve annemi gururla, mutlulukla içeri aldım. Annemin gülümsemesi içeri girince dudaklarında dondu. "Ama... Böyle olmaz... Bu olacak şey değil." dedi çok üzgün, hayalkırıklığına uğramış, ama elinden geldiğince beni incitmemeye çalışan bir sesle. Başını "Olmaz..." anlamında yavaşça iki yana sallıyordu bir yandan. Yaptığım ve gururlandığım her şeyden bir anda derin bir utanç duydum. "Ama ne istersem yapabileceğimi söylemiştin?" dedim üzülerek. "Evet, ne istersen yapabileceğini söylemiştim." dedi, beni incitmemeye çalıştığını yine her hücremle duyduğum, bana güvensizliği içime yerleşip oraya yayılan, kök salan, benim güvensizliğim olan sesiyle; "Ama *böyle* yapacağını bilmiyordum."

Evet, annem bana *her ne istersem* yapabilme özgürlüğü vermişti, bana karşı son derece cömert ve hoşgörüyle yaklaşmıştı.

Ama ben bana *verdiği* bu özgürlüğü kullanamamış, onun cömertliğini, anlayışını, iyi hislerini suistimal etmiştim. *Yanlış yapmıştım.* Yanlışım omuzlarımda, bedenimin o yanlışın kendisine dönüşmesinin sessizliğiyle, oyuncakları "olabilecekleri tek yer"e, sepete ve sepeti de dolabın içine kaldırdım; bir daha da böyle bir konuyu hiç açmadım. Hatta bir oda gördüğümde "Bu, şu şekilde *de* olabilir." diye düşünmedim; düşüncelerimi de baskıladım.

Çocuğumuza *verdiğimize* inandığımız şeyleri tüm haklarıyla birlikte veremiyorsak gerçekten veriyor sayılamayacağımızı *İyi Aile Yoktur*'da anlatmaya çalıştım. Çocuğa verdiğimiz para, çocuğa verdiğimiz oda, çocuğa verdiğimiz oyuncak, bunları dilediği gibi kullanma, değiştirme, kaybetme, zarar verme, bizim hoşumuza gitmeyen bir biçime sokma gibi ihtimallerin varlığıyla birlikte çocuğa teslim edildiğinde çocuk onlara sahip sayılır ancak. Böyle küçük şeyler üzerinden, çocuk kendi hayatına sahip çıkmasını, bu hayatı yönlendirmesini ve biçimlendirmesini öğrenir. Mesele, çocuğa herhangi bir şeyi vermememizden ziyade, onu tüm haklarıyla vermediğimiz hâlde çocuğun bu şeye sahip olduğuna inanmamızdır. Zira o zaman çocuk da ona verdiğimiz paraya, odaya, oyuncağa sahip olduğunu, sahipliğin bu anlama geldiğini zanneder ve çocukluğunda olduğu gibi yetişkinliğinde de çevresinin ona dayattığı hayatı kendi hayatıymış gibi yaşadığının farkına varamaz.

Sütyenin Tarihçesi

Birkaç yıl önce, İngiltere'de doktora hocamı ziyarete gittim. Hocam bu sefer benimle gayriresmî bir ilişki dahilinde görüştüğü için her zamankinden daha rahattı. Bana saçlarımı ilk kez gördüğünü söylediğinde şaka yaptığını zannettim. "Hayır, eminim; kesinlikle eminim!" dedi; "Şapkan vardı ve onu içeride de asla çıkarmıyordun." "Şapkamı içeride çıkarmıyor muydum?" diye sordum hayretle. "Kesinlikle eminim, çıkarmıyordun." dedi; "Ve saçlarını hiç görmedim." Ben şaşırmaya devam ederken, ekledi: "Bunun dinî nedenlerle olduğunu sanıyorum. Yani, saçını göstermemenin..."

Şapkaları severim, üstelik hem soğuktan hem güneşten fazlasıyla etkilenen biriyim; on üç – on dört yaşlarından bu yana sıcak ve soğuk havalarda şapka takarım. Büyük babaannemin şapka takmamı insanların bir zamanlar şapka yüzünden öldükleri gerçekçesiyle eleştirmesini hep şekilci bulmuşumdur. Hocamla doktora yaptığım yıllarda onlarca ve onlarca kez görüştük; bir keresinde bile iç mekânda başımda şapkayla oturduğumu sanmıyorum. Bu hiç âdetim olmayan bir şey. Hocam beni defalarca görmüştü; ama herkesin gördüğü saçlarımı nasıl olduysa görmemişti. Normalde "kesinlikle", "eminim" gibi sözcükleri hiç kullanmayan, entelektüel birikimin getirdiği o kendinden şüphe hâline fazlasıyla sahip, makul, alanında yetkin, hatta çalışmaları hayli ünlü bir profesördü. Ne var ki önyargıları realiteyi çarpıtmakla kalmayıp emin olduğunda ısrarıyla perdeliyordu iletişimimizi. Tezimde apaçık yazılı birçok şeyi doktoram süresince neden göremediğini de ancak o an anlayabildim. Kaynakçamda açık şekilde var olan ve benim de yüksek lisanstan beri başucu kitabım olan, üstelik tezimde çok sık göndermede bulunduğum bir kitabın kaynakçama muhakkak girmesi gerektiği, bana sekiz kez söylenmişti mesela. Kaynakçayı göstermem, diğer yedi ihtarı engellememişti.

Hocamla din konusunu hiç konuşmamıştık, ama Türkiye'den geldiğimi biliyordu. Estetik teorilere dayanan tezimdeki birçok şeyi de zihnindeki din algısıyla birlikte okumuş, öyle anlamıştı. Öyle olmadığını anlatmak için çok uğraşsam da işe yaramamıştı ve sonunda kendi istediğim tezi değil, onun zihnindekileri, onun anladıklarını yazmak zorunda kalmıştım.

Geçen yaz, Dublin'deki Giegerich konferansının tartışma saatinde, konu nasıl olduysa kadınların kılık kıyafetine geldi. Dünyanın değişik yerlerinden gelen, üstelik çoğu Giegerich'e az veya çok vakıf entelektüeller, özgürlükten bahsederken konuyu çevirip "Kadınlar burka giyiyorlar." diyor, sonra Giegerich'e son derece ters bir şekilde, dış pratik üzerinde konuşup duruyorlardı. Bu böyle bir saat kadar devam etti. Batı'da, ve aslında başka yerlerde de, benzerlerini defalarca gördüğüm bir sahneydi bu. Bir grup insanın oturup kadınların üzerlerine ne giydiklerini ve ne giymediklerini konuşması, giyiyorlarsa neden ve giymiyorlarsa neden olduğu üzerinde uzun uzun ahkam kesmeleri, niyet okumaları, hepimize aşinadır.

Arabistan'daki, İran'daki kadınların kılık kıyafet konusunda baskı altında olduğunu söylüyordu salondakiler; haklılardı da. Ama, kadın ya da erkek, bu gerçeği dile getirirken biz bu acıdığımız kadınlardan ne kadar daha özgürüz?

Az önce bahsettiğim büyük babaannem, 1901 doğumluydu ve ömründe hiç sütyen giymemişti. 150-200 yıl önce doğmuş olsaydık biz de muhtemelen sütyenin ne olduğunu bilmiyor olacaktık. Sütyenin Batı'da korseden sonra, onun bir ikâmesi olarak ortaya çıktığı, moda pazarlamacılarıyla dünyaya yayıldığı ve yine onların etkisiyle yerleştiği gerçeği, bugün sütyen giymeden sokağa çıkarsak bizi rahatsız edebilecek bakışlara maruz kalacağımız gerçeğini değiştirmiyor. Kendi adıma, sütyen gitmeyi çok rahatsız edici buluyor, ama yolda kimseyi umursamadan yürüyemeyeceğimi de biliyorum. İran'da bir kadının bizden daha çok baskı altında olması, bizim altında olduğumuz baskıyı hafifletmiyor. Moda sektörü dünyaya başka şekilde yön verseydi, şimdi kadınların hepsi sokağa sütyensiz çıkacak ve gördüklerini yadırgamak kimsenin aklının ucundan geçmeyecek, hiçbir kadın sütyen giymiyor diye "hafif" addedilmeyecekti.

Kadın ya da erkek, dünyanın, magazin sayfalarının bize emir verdiği şekilde giyiniyoruz ve aslında çok rahatsız edici, sağlıksız bir şey olan sütyenlerimizi takarken, ayak anatomisine göre dizayn edilmemiş ayakkabılarımız ayaklarımızı sıkarken bacak bacak üstüne atıp İran'daki kadınların dışarı istedikleri gibi çıkamamalarının ne kadar da üzücü olduğunu söylüyoruz birbirimize.

Yazar Metin Solmaz Facebook'ta, Afrikalı bir kadının üstsüz fotoğrafı bir magazin kapağında dahi kimseyi rahatsız etmezken "medenî" bir kadının üstsüz fotoğrafının neden sansürlenmesi gerektiğini, bu iki göğüs arasındaki farkı sorgulamıştı. İslam fakihleri de kadının babası, dayısı gibi mahremleri yanında dizlerinin aşağısını, dirseklerinin yukarısını göstermemesinin daha uygun olacağını beyan ederken göğüslerinin görünmesinin bir sakınca teşkil etmeyeceği konusunda konsensüse varmışlardı. Bu kararlarında kadının süt verme ihtimali mi gözetilmişti bilmiyorum, ancak öyle olsun olmasın, bakışımızın kültürel kıstaslarla şekillendiği açık.

Göğü Delen Adam'da Samoa yerlisi "Papalagi" dediği beyaz insanın giysilerini kendi bakış açısıyla uzun uzun anlatır:

> Papalagi'nin gövdesi, başından ayak parmaklarının ucuna değin örtüler, hasırlar ve derilerle kaplıdır. Bu kılıflar öylesine sıkı ki, hiçbir insan gözü onları delip geçemez; öylesine sıkı ki, gövdesi ulu ormanların derinliklerinde açan çiçekler gibi solgun, beyaz ve yorgundur.
>
> Dinleyin kardeşlerim! Size bir erkek Papalagi'nin üstünde taşıdığı yükleri anlatayım: En içte, çıplak vücudu, bitki liflerinden dokunmuş beyaz bir kılıf kaplar. Buna iç kılıf denir. Yukarıdan aşağıya doğru kafadan geçirilir. Göğsü ve kolları sarar, kalçaya kadar iner. Sonra da aşağıdan yukarıya doğru bacakları ve baldırları örtüp, göbeğe kadar çıkan bir alt kılıf giyilir. Bu iki kılıf üçüncü bir kılıfla kaplanır. Bu sonuncusu özel olarak yetiştirilen yünlü bir hayvanın kıllarından dokunur. Asıl örtü budur.
>
> ...
>
> Ve en sonunda ayaklara, biri yumuşak, biri çok sert iki ayrı kılıf giyilir. Yumuşak olanı genellikle esnektir ve sert olanın tersine ayağı bir güzel sarar. Sert olanı güçlü

bir hayvanın derisinden yapılır. Deri iyice sertleşene kadar suda bırakılır, üstü bıçakla kazınır, dövülür ve güneşe serilir. Papalagi bunu alıp içine ancak bir ayağın sığabileceği büyüklükte, yüksek kenarlı bir çeşit kano yapar. Bir kano sol, bir tane de sağ ayağı için. Bu ayak kanoları şeritler ve kancalarla ayak bileklerine öyle sıkı bağlanır ki, ayaklar kabuğunun içinde büzüşüp kalmış deniz salyangozunun gövdesi gibi sıkışır kalır. Papalagi, bu derileri güneşin doğuşundan batışına kadar ayağından hiç çıkartmaz. ...

Bu yaptıklarının doğal olmadığının pekâlâ beyazlar da farkındalar. Bu meretler adamın ayağını sanki ölmüş de çürümeye başlamış gibi, leş gibi kokutur. ...

Avrupa'da bir zamanlar çok ünlü bir Papalagi yaşardı. İnsanlar kalkıp onu ziyarete gelirlerdi. O da onlara: "Ayağınıza böyle dar ve ağır kılıflar giymeniz doğru değil. Gecenin çiyi otları kapladığı sürece yalınayak dolaşın. Böylece bütün illetlerden kurtulursunuz" derdi. Çok sağlıklı ve akıllı bir adamdı bu, ama onunla dalga geçtiler. Sonunda kısa sürede unutuldu gitti.

Kadın da erkek gibi gövdesini örten kılıflar ve örtüler sarar üstüne. Derisi yara ve ip izleriyle doludur. Memeleri, onları sanki cendereye almış gibi sıkan bir kılıf yüzünden sönükleşmiş ve artık süt veremez hâle gelmiştir.[103]

Çocukları Konuşmak, Onları Nesneleştiriyor

Kadınların üzerlerine ne giydikleri ve ne giymedikleri hakkında yorum yapmamız, kadınları özne değil nesne gibi gören bir bakışı getiriyor beraberinde. Neyi neden giydiğimin ya da giymediğimin insanların zihninde o ya da bu tarafa çekilmeyeceğini bilseydim kendimi çok daha özgür hissederdim sanıyorum.

---

103 Erich Scheurmann, *Göğü Delen Adam*, Almancadan çeviren: Levent Talya, Ayrıntı Yayınları, 2016, s. 18-20

Kanadalı arkadaşım Paula İstanbul'a geldiğinde Ortaköy'deki yemenilerden satın almıştı. Sonra sahilde yürüyüşe çıkmıştık ve Boğaz rüzgarı esince Paula yemeniyi eskiden Rus kadınlarının yaptığı gibi başına bağlamıştı. Üşüyünce bir otobüse binmiştik ve sıkışık otobüste Paula'yı arkadan görenler "Teyze, çekilsene!" diyerek çekiştirmişlerdi. Rüzgar çıktığında yanımda şapkam yoksa ben de fularımı başıma bağlıyorum ve her seferinde, bir kadının o veya bu şekilde giyindiğinde bir erkekten ne kadar daha kolay kodlandığı geliyor aklıma. Tek istediğim, bir şey yaptığımda "Şundan dolayı yapıyor." gibi düşünceler uyandırmadan içimden geleni yapabilmek. Bunun mümkün olmayacağını bilmek, bir şey yapmazken dahi insanı sınırlandırıyor.

Herhangi bir grup insanı konuşmak, o insanları nesneleştirmeyi de içeriyor. Haklarında en rahat, en nesneleştirici biçimlerde konuştuklarımız, çocuklar. "Çocuklara şöyle mi davranalım, böyle mi davranalım?" demek, çocuğun bizim ona davranışımız sonucunda nasıl bir şekil alacağı öngörülebilirmiş zannı ihtiva ediyor. Bir grup insan olarak bir araya gelerek orada bulunmayan bir arkadaşımız için "Ona şu şekilde mi davranalım, bu şekilde mi?" diye konuşmuyoruz. Bunun o arkadaşımızı küçük düşüreceğinin farkında olmamız bir yana, arkadaşımızın tepkisini kestiremeyeceğimizi, nasıl hareket etmemizin uygun olabileceğinin arkadaşımızın vereceği tepki ile netleşeceğini, arkadaşımızla ilişkinin bir *etkileşim* hâlinde devam etmesi ve karşılıklı olarak şekil değiştirmesi gerektiğini biliyoruz. Çocuklara şu ya da bu şekilde davranmak gerektiğine dair beyanlar, çocukları pasif varlıklar olarak görmekten geliyor çoğu zaman.

Anne-babalar, son derece doğal, insanî kaygılarla, bana çocuklarına herhangi bir konuda nasıl davranmaları gerektiğini sorarlar sıklıkla. Onlara "Çocuğunuzu tanımıyorum." derim. Sözgelimi ben, olumsuz ilgiden çok rahatsız olan, ama olumlu ilgiye de ihtiyaç duymayan biriyimdir; çocukken de böyleydim. Kimi çocuksa daha yoğun olumlu ilgi ihtiyacındadır. Bir çocuk için çok önemli olan bir şey, bir diğeri için öyle olmayabilir. Birini çok etkileyen, diğerini etkilemeyebilir. Bunun yetişkinler için böyle olduğunu takdir ediyor, "Herkes farklıdır." diyoruz. Ama konu çocuklara gelince, "Neden aynı şartların sunulduğu şu olayda bir çocuk bu, diğer çocuk o şekilde davrandı?" diye sorabiliyoruz, çocukların aynı şeye aynı tepkiyi vermesi beklenirmiş gibi.

Bu nesneleştirme, çocukların, üzerlerinde baskı kurulmadığı takdirde iyi yönde davranmayacakları yanılgısını da içeriyor. "Çocuğumu serbest bırakırsam dişlerini hiç fırçalamaz ki ama." diyenlere, "Peki siz neden dişlerinizi fırçalıyorsunuz?" diye soruyorum. Kimse bizi zorlamadığı hâlde bizim için iyi olduğunu bildiğimizden dişlerimizi fırçalıyorsak, bizim bildiğimizi çocuk da biliyorsa, serbest bırakıldığında onun neden kendisi için iyi değil de kötü olana yöneleceğine inanıyoruz? Çocuğun içinden geldiği için değil de baskıdan dolayı o ya da bu şekilde davranmasını sağlamak, kısa vadede sonuç veriyor gibi görünse de otoriteye göre hareket eden bireyler doğuruyor.

Gazeteci ve sanat yazarı Ayşegül Tabak, oğlu Ateş'in yemekle ilişkisine oğlunun kişisel tercihlerine ve sınırlarına en başından itibaren saygı duyarak rehberlik etmiş:

> Oğlum doğduğu andan itibaren çok iştahlıydı, ama iştahlı çocuk demek abur cubura, tatlıya tuzluya eğilimi yüksek demek de olabileceğinden beslenmeyi doğru öğrenmesi gerektiğini düşünmüştüm, zira ben doğru beslenmeyi, zamanlamayı, duygusal açlığı yenmeyi bilemediğimden hep rahatsızlık duymuşumdur kendimden, çünkü bize çocukken -çoğumuza olduğu gibi- tok olsak da yedilirdi yahut yemememiz gereken şeyler ödül olarak sunulurdu.
>
> Ek gıdaya geçtiği andan itibaren bir şeyi düstur edin-

dim, damak tadına saygı gösterecek, zararsız gıdalar arasından sevdiğini, istediği kadarıyla yemesine izin verecektim ve saçıp dökmesine kızmak yerine çatal kaşığı düzgün tutana dek etrafı temizlemeyi göze alacaktım. İşe yaradı. Sebzeleri, eti, yemişleri, meyveyi sevdi, en beğendiklerini seçti ve yedi. Elbette hepimiz gibi büyüdükçe oğlumun da damak tadı, fikirleri değişmeye başladı. Hamburgeri, kolayı, paket gıdayı tanıdı, tatlarına bayıldı. Saklamanın çözüm olmadığını, kendinden bile çikolata saklayamayan bir insan olarak biliyorum ya da kızmanın daha da teşvik ettiğini. Bu nedenle sadece anlattım. Kolanın tadından benim de hoşlandığımı, ama sağlıklı bir şey olmadığını bildiğim için nadiren içtiğimi; hamburgerin fazla kilo aldırıp, bağırsak sorunu yaratabildiğini, ama arada kaçamak yapmanın dünyanın sonu olmadığını; seçimlerimi elden geldiğince sağlıklı ve lezzetli olandan yana kullandığımı anlattım, gösterdim, yaşayarak örnek olmaya gayret ettim. Aslında çok da gayret denemez, bunu öyle içselleştirmişim ki gidişat bu oluverdi, bunlar zaten benim olağan davranışlarım oldu ve onun da hayatına sindi beslenme şekli, öyle ki çok tatlı diyaloglara şahit olduk.

2018 yazında 5 yaşına henüz girmediği Mayıs ayında en yakın arkadaşım çat kapı geldi ve sizi dışarı çıkarayım dedi, yolda aniden piknik yapacağımız tutunca büyük bir zincir markete girdik, alışveriş yaptık ve kasa sırasına geçtik. Oğlum kasiyerle tatlı bir diyaloga başladı ve kasiyer biz ödemeyi yaptıktan sonra arka dolaptan litrelik bir gazlı içeceği aldı ve oğluma uzatıp "Bu da benden sana hediye, piknikte serin serin içersin!" dedi, gazlı içecek yasağı olmayan ve zararlarından haberdar olan Ateş, "Çok naziksiniz, ancak o bir gazlı içecek. Ben tercih etmiyorum, sizde kalsa daha iyi olur" cevabını verince kasa sırasında gülüşmeler oldu. Kasiyer, bu kez "Tamam sen içme, annene vereyim, o içsin" dedi ve oğlum da cevaben "Gazlı içecek sadece çocuklara değil, büyüklere de zararlı, annemin sağlığı bozulsun istemem, lütfen sizde kalsın, hediyeye ihtiyacım yok, yeterince şey aldık. Ayrıca çok naziksiniz, sağ olun" dedi. Arkadan bir beyefendi gelip, "Evlat, seni tanımak çok güzel" diye elini sıktığında oğlum gururlu ve güleç bir yüzle kapıya yöneldi. Bu durum benim de gururumu okşadı elbette, ama o an en çok düşündüğüm, yeme alışkanlıklarımızla hayata dair algımızın ne kadar benzeştiğiydi. Kendisi için zararlı olabilecek bir yiyeceğe ya da ödüle, lezzetine rağmen "Hayır" diyebilen bir çocuk; yetişkin olduğu vakit, uyuşturucuya, alışveriş çılgınlığına, şişirilmiş makamlara da kendi kalbini ve ruhunu dinleyerek "Hayır" diyebilme yetisini geliştirmenin ilk adımlarını atıyor olabilir. Bu nedenle, başta yiyecek olmak üzere hemen her şeyin dengesini gözetmek, yasaklamak yerine açıklamak, sabırlı olmak, iştahı da iştahsızlığı da kabul etmek ve herkesin kendine ait bir midesi olduğunu kabul etmek mühim, diye düşünüyorum. Bu biraz da bize dair bir şey; birinin kendine ait bir midesi ve iştahı olduğunu kabul etmeyen biri, bir kalbi ve duyguları olduğunu da kabul etmeyebilir pekala... Böyle bir tavır da ya başkalarının sınırlarına saygı göstermeyen ya da kendi sınırlarını tacize açık tutan biri anlamına gelebilir. Oysa yemek de duygular ve cinsellik kadar kendine has, mahrem ve ancak gönüllü olarak paylaşılan bir alan ve bence kişilik gelişimimizdeki rolü çok kıymetli.

Bu arada eti çok seven oğlum 5,5 yaşına doğru hayvanlara kıyamadığı için vejetaryen oldu, benim de et yememe karşı çıktı, olayı büyüttüğü anlar oldu, bu kez de; herkesin neyi yiyip yemeyeceğine kendisinin karar verme hakkı olmadığını, nasıl ona müdahale etmiyorsak, onun da bizi baskı altına almasının doğru olmayacağını açıklamak gerekti, başta zor olsa da zamanla bunu da kabullendi. Orangutanların yaşadığı ormanlar yok olmasın diye Palm yağlı yiyecekler tüketmeyen, vejetaryenliğini arada ihlal etse de sürdürmeye çalışan, zararlı gıdalardan çok sağlıklı olanları tercih eden bir çocuğa dönüştü. Bunun bir ebeveynlik mucizesi olduğunu ya da çocuğumun sıra dışı olduğunu düşünmüyorum, inandığım şey; iyi iletişim kurmanın güzelliği...

Çocuk kitapları yazarı Şeniz Baş da söyleşilerinde, çocukların, yanlarında velileri yahut ebeveynleri olduğu takdirde onların, "Şunu biliyorsun, hadi söyle!", "Çok konuştun, artık yorum yapma.", gibi yönlendirmeleriyle ya da "Aslında hepsini biliyor ama heyecandan unuttu." gibi çocuğun yerine konuşma eğilimleriyle çok fazla kısıtlandığını, bunun yorumlarına da sirayet ettiğini, çocuklarla konuşurken salonda yetişkinlerin olmamasını rica ettiği durumlarda ise, kitapları için aldığı en zeki, en yaratıcı yorumlarla karşılaştığını söylüyor. Ebeveynlerin bulunduğu ortamla sadece kendilerinin katıldığı etkinlikler arasında çocuklarda iki ayrı tutum ve davranışın geliştiğini, kendini ifade etmenin, eleştirel yaklaşımın ve uyum yeteneklerinin de bariz şekilde arttığını gözlemlediğini de aktarıyor.

Çocuklara ne kadar birey gibi davranılırsa çocuklar o kadar bireyleşiyor, kendilerini, yeteneklerini o kadar güçlü gerçekleştirebiliyorlar. Anne/baba etraftayken çocuğun sönükleşmesi, kültürel olarak çocuğun benliğine ket vuran bir annelik-babalığın ülkemizde yaygın olduğunun ispatı. Bir reklam ajansında çalışan Derin Alya Gençel'in gözlemi de, oyunculuk seçmelerine gelen çocukların eğer yanlarında ebeveynleri varsa "Şöyle güleceksin.", "Şöyle duracaksın." gibi müdahalelere sıklıkla maruz kaldığı, anne/babaları orada olmadığı takdirde çok daha iyi oynadıkları yönünde:

> Fotoğraf stüdyosuna çocuğunu götüren bir anne ya da baba genellikle, çekim esnasında çocuğun ve fotoğrafçı-

nın yanında olup içerde onları izlemek için diretir. Çünkü çocuklarının tek başlarına kameraya bakarak evde güldüğü gibi güzel gülemeyeceğine ya da poz verirken ellerini bellerine koymayacaklarına inanmaktadırlar. Çocuklara böyle direktifler verirler. Çocuklarımızın kendilerini tanımalarını ve kendilerini bulmalarını istiyorsak bu, onlara bu fırsatı tanıyabilmekten geçiyor. Yalnız kaldığında benliğinin farkına varan çocuktan daha güzel gülen veya daha güzel poz verip konuşan çocuk yok.

ÖLMEMİŞ ÇOCUKLARDAN BİR DÜNYA

Sizinle, yaşanmış iki olayı paylaşmak istiyorum.

Bunlardan biri, Amerika'da geçiyor. Genç bir kadın, üç yaşındaki oğlu ve sekiz aylık kızı ile evde yalnızdır. Babasıyla telefonda kavga eder ve sonra, kavgalarını anlatmak için kız kardeşini arar. Fakat sekiz aylık kızı, genç kadının telefonda konuşmasına bir türlü izin vermiyor, ağlayarak, bağırarak, kadının konuşmasını sürekli bölüyordur. Anne bebeği susturamaz ve sonunda, bebek bayılana, sonra da ölene kadar, ahizeyle kafasına vurur. Bebek nihayet susmuştur.

Yine Batı'da geçen ikinci olayda, baba, dinî bir grubun tanınmış lideridir. İki yaşındaki oğlundan özür dilemesini ister, ancak çocuk özür dilemez. O da, bu emrini yineleyerek, çocuğa bir saat boyunca vurur. Çocuk öldükten sonra da vurmaya devam etmiştir. "Etraf zaten kan gölüne çevrilmişti. Çocuğun öldüğünü nasıl fark etmediniz?" diye sorarlar. "Fark edemezdim," der baba; "Çünkü çocuk özür dileyene *kadar*, durmam imkânsızdı. Ona özür dilemesini bir şekilde öğretmem gerekiyordu; çünkü benden af dilemezse Tanrı'nın karşısında da bağışlanma dilemesini öğrenemez."

Anne, baba çocuklarını bu şekilde "terbiye ederken" olanları sadece izlemiştir.

Biz bu gibi haberleri, çocuklar sakat kaldığında ya da öldüğünde duyar, o zaman tepki veririz; fakat anne-babaların bu anneninkine benzer "anlık öfke taşmaları", bu babanınkine benzer, "çocuğun iyiliği için onu disipline etme" metodları, en hafifinden en şiddetlisine kadar her an her yerde yaşanıyor. Şu an ben bu cümleyi yazarken ve şu an siz bu cümleyi okurken, dünyada binlerce yerde, bebeğinin susmaması karşısında sabrı taşan ve bunu çocuğa olumsuz bir tepkiyle belli eden ya da oğlunu özür dilemeye zorlayan anne-babalar olduğuna eminim. *İyi Aile Yoktur*'da bahsettiğim anne, iki buçuk yaşındaki kızını sertçe oturttuğunda kalça çıkığına neden olduğu zaman ona kızıyor, annenin tepkisinin yanlış yahut "aşırı" olduğunu o zaman idrak ediyoruz.

Aşırı olan, hiçbir zaman, çocuğun davranışı değildir; bu, binlerce yıldır kafamıza böyle kazınmış olsa da. *İyi Aile Yoktur*'u yazdığım süre boyunca, iki buçuk yaşında sakat kalan kızın annesini bu kadar öfkelendirecek ne yapmış olabileceğini düşünmeye devam ettim. Kızın çiş yapmış olabileceği, oyun oynarken –annesine göre– aşırıya kaçmış olabileceği, annesinin hoşuna gitmeyen herhangi bir davranışı sürdürmüş olabileceği dışında hiçbir ihtimal gelmedi aklıma. Biz, annelerin sabrı bu gibi durumlarda taştığında "Ah, annelik. Çok zor bir şey." diyerek annenin çocuğa her tür tepkisini –böyle görünür sonuçları olmadığı sürece– mazur görüyoruz. Çocuklar yataklarını ıslattığında ya da bir şekilde çiş kaçırdığında anne-babaların dayak atması, ya da, çocuğu psikolojik olarak istismar etmesi, dünyada hâlâ sık rastlanan bir durum; ve bu durumlar kimi zaman çocuğun ölümüyle de sonuçlanıyor.

Bebeğini ahizeyle öldüren kadın, bebeğin çığlıklarına dayanamadığını, o an bu çığlıkları susturana *kadar* gözünün başka hiçbir şey görmediğini söylemişti. Ahizeyle kafasına vurduğunda artan çığlıklar, daha çok darbeye neden olmuş olmalı. Verdiğim örneklerin her biri, anne-babanın gözünün o an başka şey görememesi bakımından eşdeğer. Annenin bu öfke ile ne yaptığını bir kenara bırakalım; bana çocuğu karşısında sessiz de olsa böyle bir öfkeye kapılmayan kaç anne-baba gösterebilirsiniz?

Sorun, anne-babanın sabrının taşması değil tabii ki. Anne-babanın yahut herhangi birinin çocuk karşısında sabrı taşabilir; bu son derece doğal, insanî bir durum. Fakat sorun, sabrı taşan yetişkinin *bundan dolayı çocuğu suçlamasına* hak vermemiz. Çocuklar karşısında yaşadığımız öfke, doğal olmakla birlikte bizimle ilgilidir. Bizim duygusal durumumuzdan bağımsız olarak çocuk, içinden geldiği gibi ağlama, bağırma, öfkelenme, ilgi isteme hakkına sahiptir; çocuk hiç kimseden özür dilemek, kişiliği yokmuş gibi davranmak zorunda değildir. Çocuk, sizin zihninizdeki kutsalları anlamak, onlara göre hareket etmek zorunda değildir. Çocuk "terbiyesi" ya da "eğitimi" dediğimiz şeyin sınırlarının nerede bitmesi gerektiğini söyleyeyim: "Terbiye" ya da "eğitim" dediğimiz yerde.

Paylaştığıma benzer haberlerdeki gibi ölmemiş, anne-babanın benzer davranışlarından sağ çıkmış insanlardan müteşekkil bir dünyada yaşıyoruz. En büyük hasarlarımız, içeriden, görünmez olanlar. Anne-babalarımızın tepkisi ne kadar "iyiliksever", "şefkatli ve hoşgörülü" olsa da, ne kadar yumuşak biçimler alsa da, yukarıda örnek verdiğim çocuklardan daha az hasara uğramış olduğumuzu düşünmüyorum.

23 Mayıs 2018

SON SÖZ

İki çocuk annesi Ebru Toslak, Twitter'da şöyle yazmıştı: "Eşime, çocuklarımız hakkında ne evde ne de başkasının yanında olumsuz bir şey söylemeyeceğiz dedim. Siz çocuğunuzla ilgili bir kelimecik bir şey söylediğiniz an, başka herkes sizi ve masum yavrunuzu beş yüz kere o kelimeyle yaralıyor."

Ebru Hanım'ın söylediği şey, o kadar doğru ki. *İyi Aile Yoktur*'da, bir başkasının yanında çocuğumuzu asla, asla, asla eleştirmememiz gerektiğini anlatmaya çalışmıştım. İnsanlar, çocuğu yetişkinin gözleriyle görür, bir yetişkin bir çocuğu eleştirdiğinde olaya bir de çocuğun açısından bakmayı akıl edemezler. İçimizdeki kötü duyguları, benliğimizin kabul etmek istemediğimiz kötü taraflarını çocuklara yansıtmak çok kolaydır çünkü. Üstelik, çocukları potansiyel suçlu görmeye meyilli yetiştirilmişizdir. Bütün kurumlar ve toplumlar, o veya bu şekilde çocuk karşıtıdır. Çocukların zihnine dahi "kötü" olanın çocuk olduğu kazınmıştır. Çocuklara çocukların kötü muamele görmemesi gerektiği anlatıldığında çocuklar sıklıkla, "Anne-babalar/öğretmenler çocukları cezalandırmakta haklı; bazı çocuklar gerçekten de sınırlarını aşıyor ve büyüklerin sabrını taşırıyorlar. Serbest bırakılırlarsa raydan çıkarlar ve bir daha da düzelemezler. Ceza çocuğun iyiliği için." gibi tepkiler veriyorlar.

Bu kitabı yazmayı bitirdikten sonra, 3 Temmuz'da, önüme çocuğunu şikayet eden bir annenin tweeti düştü. Kim olduğunu bilmiyorum, ama eğitim seviyesi ortalamanın üstünde, normal şartlar altında gayet makul birine benziyordu tweeti yazan. "Her zaman iyi şeyleri konuşacak değiliz ya. Oğlumla ilk büyük kavgamızı yaşadık. Hatasını anladı, özür de diledi, şimdi odasında ama çok sinirliyim. Sinirim bir süre geçmeyecek sanırım." gibi bir şeydi tweet. "Ah canım, geçmiş olsun. Sabır diliyorum. Evlatlar çok zorluyor insanı bazen." gibi teselli tweetleri yazılmıştı bu tweete karşılık olarak. Biri, "Ah, nereden vuracaklarını öyle iyi biliyorlar ki... Annelerinin en zayıf noktasını bulup onları oradan yaralıyorlar." demiş, tweeti yazan da, aynı şekilde, çocukların annelerini en çok üzülecekleri şekilde üzmekten zevk aldıklarını onunla birlikte yinelemişti. Aklı başında, koca koca insanlar bu tweetleri beğeniyordu. Ama bir kişi bile, bir kişi bile durumdaki tuhaflığı belirten bir şey söylememişti.

Bu tweet zinciri bana çok tesir etti. Tweetleri okuduktan sonra iki saat kadar kendime gelemedim. Şöyle düşünün: Bir anne, herhangi bir nedenle oğluna kızmıştı ve sonra oturup tüm Twitter'a, açıktan, oğlunu şikayet eden bir tweet yazmıştı. Herkes de bunu doğal karşılamış, tweeti beğenerek duygusal desteğini göstermiş, annesini bu duruma düşürdüğü için oğlu suçlamıştı; hatta, anne için üzülerek, çocuğun yaptığı şeyi bilhassa, sırf anneyi üzmek için yaptığını, bir anneyi en çok yaralayan kişinin çocuğu olduğunu söylemişlerdi.

Biri Twitter'da "Annemle babam beni çok kızdıracak bir şey yaptı. Hatalarını anladılar, özür de dilediler. Suçlarını biliyorlar ve şimdi odalarında sus pus oturuyorlar o bilinçle. Ama ben çok öfkeliyim, bir süre daha da onlara öfkeli kalacağım." gibi cümleler kursa, bu cümleler, bırakın böyle destek görmeyi, tepkisiz kalır mıydı?

Başkalarının yazdıklarına tepki vermekten her zaman imtina etmişimdir. Çocuklarla ilgili durumlarda ise şöyle bir şey var: Birileri çocuğu herhangi bir şekilde suçlayıcı şeyler söylerse ve bir kişi bile çocuğu suçlamanın ne kadar yanlış olduğunu bir şekilde ifade etmezse, oradaki herkesin zihninde, çocuğu zaten (özellikle de anne-baba karşısında) ezelden beri suçlayan o çok yerleşik zihinsel tutum daha da pekişecektir. Çocuğun suçlandığı bir ortamda çocuğun aslında suçsuz, her zaman suçsuz olduğunu siz dile getirmezseniz, sizden başka kimse de çocuğu böyle suçlamakta yanlış bir şey olduğunu göremez, çocuk karşıtı yerleşik realite her geçen gün olduğu gibi bu küçük olay üzerinden, yine, güçlenir. Biri çıkıp kendisini savunmadığı sürece, çocuk da herkes gibi kendisinin suçlu olduğuna inanır. George

Orwell'in dediği gibi, "Çocuklar, ihlal etseler dahi kendilerine gösterilen davranış kurallarına inanırlar."[104]

Çocuğun neden ve nasıl zarar gördüğünü ifade, anne-babaya yönelik bir eleştiri değildir. Bir şeyin çocuğa zarar verdiğini söylediğinizde kişiler anne/baba/öğretmen adına savunmaya geçiyorlarsa, "*Ama* anne/baba/öğretmen ..." ile başlayan cümleler kuruyorlarsa bu, o cümledeki amaçlarının çocuğun iyiliği olmadığının işaretidir. Çocuğa muamele söz konusu olduğunda insanlar benim sözlerim yahut bir başkasının sözleri karşısında kendileri için yahut anne/baba için gösterdikleri hassasiyeti *kendi çocukları* yahut *çocuklar için* gösterirlerse, ortada sorun kalmaz, çünkü çocuğun iyiliğini amaçlayarak söylenmiş hiçbir söz, çocuğun iyiliğini düşünenleri rencide etmez; o zaman sakinlikle, çocuk için iyi olan yolu hep birlikte bulabiliriz.[105]

Bu kitabın okurundan tek isteğim, çocuklar yahut evlatlar eleştirildiğinde, cümleleri bir de "çocuk/evlat" sözcükleri yerine "anne/baba" sözcüklerini yerleştirerek okumaları. Çocuğun iyiliğini suçluluk duymadan, başka herkesin iyiliğinden bağımsız şekilde düşünebilmeye, önemsemeye başlayabildiğimizde, işte o zaman, işte o zaman, başka her şey de kendiliğinden düzelecek ve iyi bir toplum olacağız. Toplumun kişiyi, kişinin de toplumu değiştirdiğine inanan Sartre, çok haklıydı. Ve Wilhelm Schmid'in dediği gibi, "Zamanları değiştiren de, kendilerini değiştiren insanlardır."[106]

Değişeceğimiz umudunu koruyorum.

Nihan Kaya
3 Şubat 2019

104 *Kitaplar ve Sigaralar*, Çev: Levent Konca, Sel Yayıncılık, 2012, s. 84

105 *İyi Aile Yoktur*'da, bu kitapta ve başka yerlerde söylediklerime öfkelenenlerden de aynı şeyi rica ediyorum. Bana dilediğiniz gibi öfkelenebilirsiniz, bu hiç önemli değil; ama lütfen, yerleşik inançlarınızı benden bağımsız şekilde, çocuk/genç/evlat açısından bakarak yeniden düşünün, bana öfkelenirken kendiniz için gösterdiğiniz hassasiyeti kendi çocuklarınıza gösterin; tek istediğim bu.

106 *Mutsuz Olmak, Bir Yüreklendirme*, 2012, Çev: Tanıl Bora, 2014, s. 29